サバイバー・フェミニズム

イントロダクション

一番小さな魚

高橋りりす

一番小さな魚　マイノリティーのフェミニズム

高橋りりす

昔々、水の底深くに、魚の社会がありました。
その社会では、魚は自分より小さい魚なら食べていいことになっていました。
ですから、一番大きな魚たちは、ほかの魚に食べられることなしに、魚を
食べることができました。中ぐらいの大きさの魚たちは、小さい魚たちを
食べることができましたが、時には、より大きい魚に食べられることも
ありました。一番小さな魚たちは、ほかの魚を食べることは
決してできずに、いつも食べられてばかりいました。
一番大きな魚たちは、これが公平かと尋ねられると、こう答えました。
「公平である。正義は存在する」
中ぐらいの大きさの魚たちは、こう答えました。
「多分公平であろう。正義は少しは存在する」
一番小さな魚たちは、こう答えました。
「公平ではない。正義は存在しない」
ある日、一番小さい魚たちのうちの何匹かが、小さい魚たちはみんな
女の魚で、男の魚はみんな女の魚を食べて大きくなっていることに
気がつきました。それらの賢い女の魚たちは、このことをほかの
女の魚たちに伝えました。そして、この「男の魚優位社会」と闘うために
集まりました。このようにしてフェミニスト魚の群れ
（＝school＝『流派、主義』という意味とがかけてある）が誕生したわけです。
「私たちを食べるのを男の魚にやめさせるにはどうするべきか？」
「私たちが力をつけなければならない！」
「私たちが大きくならなければならない！」
フェミニスト魚たちは、熱心に戦略について話し合いました。
「男の魚より大きくなるにはどうしたらよいか？」

THE TINIEST FISH

Lilith Takahashi

Once upon a time, deep down the water, there was a society of fish.
In that society, any fish could eat any other fish smaller than itself.
So the largest fish always got to eat other fish without the risk of
being eaten by others, and medium-sized fish
got to eat smaller fish but sometimes got eaten by larger fish.
The smallest fish never had a chance
to eat others but always got eaten.
The largest fish, when asked if it were fair, answered,
"Yes, it is fair, and there is justice."
The medium-sized fish, when asked if it were fair, answered,
"Maybe it is fair, and there is some justice."
The smallest fish, when asked if it were fair, answered,
"No, it's not fair, and there is no justice."
One day, some of the smallest fish came to realize that all the smallest
fish were women fish and that all the men fish ate women fish to
grow bigger. Soon those wise women fish passed this information
to other women fish, and they got together to fight against this
male-fish-dominated society. This way, the school of feminist fish
was formed.
"How can we stop men fish from eating us?"
"We must become powerful!"
"We must become bigger!"
The feminist fish enthusiastically discussed their strategy.
"How can we become bigger than men fish?"

「最も簡単に最も手早く大きくなる方法は、ほかの魚を食べることです」
誰かが答えました。
「私たちのうちでも、多少の大小の差があるじゃないですか。
大きい方が小さい方の女の魚を食べて大きくなれば、
私たちは集団として、大きく強くなることができます」
「それはいい考えだ」と、みんなは同意して、この群れの中では一番
大きい方の魚たちが、小さい中でもさらに小さい魚たちを食べ始めました。
みんなの中で一番小さな女の魚が抗議しました。
「私は食べられたくない！」
すると女の魚は全員、その一番小さな魚を責めました。
「あなたはわがままよ！」と、みんなが言いました。
「あなたはこんなに小さいし、力は弱いし、役立たずよ。あなたが
私たちの運動に貢献できる方法は、大きいフェミニストの魚が
もっと大きくなれるように、自分を差し出すことだけよ」
一番小さな魚は答えました。
「私は、ただ小さいからという理由で食べられるのは嫌です。だから
この運動に参加したのです。それなのに、今度は、あなたがたは、
男の魚にではなく、女の魚に食べられろとおっしゃる。
私は誰にも食べられたくはありません」
すると、女の魚たちは、より激しく責めたてて、
「あなたは本当のフェミニストではないわ」と、口々に言いました。
一番小さな魚は、力を振り絞って言い返しました。
「いいえ、私はフェミニストよ。フェミニストの魚よ。
だけど、あんたらは魚のフェミニストじゃないか！」
（『魚の』＝fishy＝『胡散臭い』という二つの意味がかけてある）

（原文は英語）

"The easiest and quickest way to become bigger is to eat other fish," answered somebody.
"Even in our group, some fish are somewhat larger than others. Why don't they eat smaller women fish to get bigger? This way, we can get larger and powerful as a group."
"That's a good idea." Everyone agreed, and the largest fish in this school started eating the smallest of the smallest.
One woman fish that was the tiniest of all protested,
"I don't want to be eaten!"
Then, all the women fish blamed the tiniest one.
"You are so selfish!" everyone said,
"You are so tiny. You are so powerless. You are of no use. The only way you can contribute to our movement is to sacrifice yourself to a larger feminist fish to help her grow bigger."
The tiniest one answered,
"I don't want to be eaten just because I'm tiny. That's why I joined this movement. Now you tell me I should be eaten by a woman fish instead of a man fish. I don't want to be eaten by anybody."
Then other women fish started condemning her even more.
They said to the tiniest fish with one voice, "You are not a real feminist!"
The tiniest fish talked back with all her might,
"Yes, I am. I'm a feminist, a feminist fish!
And you are fishy feminists!"

「一番小さな魚」をめぐるものがたり

高橋りりす・稲邑恭子

※このインタビューは、高橋りりす「一番小さな魚」をめぐって行われ、『くらしと教育をつなぐWe』一九九五年二・三月号・特集「リブの復権」（フェミックス発行）に掲載されたもの。聞き手・まとめは、フェミニスト・カウンセラーで、『We』の編集を手がける稲邑恭子さん。

稲邑　「一番小さな魚」はどういうきっかけで書かれたのですか？

高橋　五年前から、セクシュアル・ハラスメントの問題に関わってきたのだけど、アジア女性会議ネットワークから資金援助をしてもらって、九三年一一月のマニラ会議に性的被害のサバイバー（性的被害の体験をくぐり抜け生還してきた人）として出席することができたんです。被害を受けた女性は客観的な分析や論旨の展開ができないとか、過去のつらい体験を涙ながらに話すに違いないというステレオタイプの偏見があることを、今まで、自分が関わっていた日本のフェミニズム運動の中ですごく感じていて、どうにかそれを払拭したいと思っていたし、短い時間で言いたいことを伝えるにはどうしたらいいのか考えた末、寓話にして朗読することを思いついた、そのときの作品が、「一番小さな魚」です。

稲邑　反応はどうでした?

高橋　それが爆笑と拍手で、大受けだったんです。開催中、その話題が何度も出て、たくさんの人から話しかけられ、コピーをくれと言われたり。中には、私こそ小さい魚だと、泣きだした人もいた。オーストラリアの人だったけど、「フェミニズム運動の中でも、移民の女性の声は届かない」って言っていた。そうかと思うと、アメリカ人の女性で「ほんとにそういうことあるわよね。私の場合は場合によって大きい魚になったり、小さい魚になったりするの」って言ってきた人がいて、私、その人のことも正直でいいなと思った。でも、日本に帰って報告会で「小さな魚」のことを話しても、国内では、アジア女性会議ネットワーク以外からは、ほとんど無視されてしまったんです。

稲邑　それはどうして?

高橋　「正義の味方の女性弁護士や目覚めたフェミニストたちに救ってもらう」というサバイバーの役割を越境したからじゃないかしら。私ね、セクシュアル・ハラスメントなどについての講演会や集会には随分参加してきたのだけど、サバイバーが講師として発表するといったことはほとんどなかったように思う。たとえ発言者となることがあっても、学者の講師の話の証人、刺身のツマっていう感じなのね。このサバイバーが学者の研究の材料、情報源にすぎないというおかしな役割分業の関係はもうたくさん。

稲邑　高橋さんが遭われたセクハラ体験というのは？

高橋　教師を三年やってから、八一年から八四年にかけてカリフォルニア大学に留学し修士課程で演劇を勉強したのですが、そのときのことです。留学したとき、日本人はクリエイティブでない、技術面で欧米の真似をして進出したのに、芸術の分野までもか、って言われたんです。まだ、男の教授の方は余裕があるので比較的寛容だったけど、女の教授は外国人がクラスに入るのを露骨に嫌がった。今から一〇年前のことだったし、カリフォルニア大学でも田舎の分校だったせいもあるだろうけど。

　そのとき、一人だけ目をかけてかばってくれる先生がいて信頼していたら、彼にセクハラをされたの。あの当時は、人種差別的な白人の女の教授を味方につけて、セクハラを防ぐか、あるいは、男のセクハラ教授を味方につけて、人種差別から身を守るか、どっちがましかという、ほとんど究極の選択だったと思う。セクハラ受ける前だったら、はっきり言って、私にとっては人種差別の方がきつかった。

　でもね、人種差別とセクハラは切っても切り離すことができないの。人種差別を受けている者がまずセクハラの標的になる。キャンパスの中に女性センターがあるのだけど、相談に行ったら「私たちは人種差別の問題は扱えない、アジア学生組合に行きなさい」と言われる。そう言われても、そこに行ったって解決できないのよね。両方の要素が絡み合っているのだから。

最後に被害にあってから三〇日が時効で、その期間に訴えないあんたが悪いという。三〇日くらいで訴えられる精神状態になれると思う？　日本でも、企業や大学に窓口やガイドラインを作れという動きがあるけれど、あの当時の米国では、ガイドラインや窓口があるために、それがかえって裁判を起こさせないための防波堤になってしまったり、白人の学生だけが恩恵を受けるものとなってしまっていた。一番被害を受けやすいのは留学生なのに、留学生センターにチラシを置くことや説明会をするのを要求しても拒否されたんです。だから、学校や会社が自前で窓口を作るということに対しては慎重にしないと。独立した第三者機関じゃないと意味がないのね。

でも、そういうことをいくらフェミニストを自認する人たちに言っても大部分の人には通じないのね。アメリカは進んでいる国だから、評価すべきだと言う。「窓口を作ることで、しわ寄せがマイノリティーにいくことがたとえあったとしても、少なくとも白人の女性は救われたでしょう」と言うから、カッときて、「それじゃ、『従軍慰安婦』がいたために日本の女性が助かったというのとおんなじ論理だ」と言ったら、相手は血相変えて怒るの。でも、私本当におんなじ論理だと思うのよ。

窓口を作ればいいってものじゃないということを二年くらい訴え続けて、それでも理解されなかった。それでもしつこく言い続けると、あなたがいちいち違和感を感じるのは、セクハラ体験から癒えていない証拠だとか、セラピー受けたらどうかとか言われる。そう言われるとこっちは何も言えなくなる。でも、人に向かってそんなことというなんて、人権侵害だと思わない？

フェミニズムの運動やっている人って、自分を見つめないで、代理戦争やっている人がけっこう多いんだもの。自分自身を材料にすればいいのに、自分のことはさておいてセクハラ裁判の原告をサカナにしたりする。

私ね、年中発言を封じられるから「どうして私の話聞けないの！」と言うと、「当事者の話はつらくて聞けないわ」と言うの、そんなことだったら運動なんかするなって言うの。私なんか、たかだか一回レイプされかかっただけの話でしょ。それすら聞けないのに、どうして「従軍慰安婦」だった人の話が聞けるというの？

稲邑　「従軍慰安婦」の問題を追及することはフェミニズムの運動の方向性にぴったり重なるけど、あなたの言うことって、いちいち、掟破りというか、フェミニズムの暗黙の了解事項から外れるからじゃないの？

高橋　うん、そうかも知れない。でもね、運動がタブーだらけなのはもういやなの。フェミニストって、ショートカットやパンツスタイルやノーメイクの人が多いでしょう。私、みんながそうだと、わざと女っぽいかっこうしたり、髪の毛長くしてお化粧したくなる。どっちにしても制服みたいになるのは嫌なの。

それに、話をゆっくり聞いてくれない

と萎縮しちゃうのよね。こうなの？　あなの？　どっちなの？　と性急に詰められても困る、だってどの範疇にも収まりきれないんだもの、答えようがない。日本のフェミニズムは、「お勉強フェミニズム」が主流だから、いつも結末が決まっているのよね。決まっていないと安心できない。

私なんかは、いくら正しい理論でも、それればかりで一つの方向に行くのはいやなの。人がみんな右と言うと、左と言いたくなる。でもね、そういう人をも包み込めない運動だと、その運動は先が見えていると思う。

だいたい人の言ったことの内容を聞いていないのよね。言葉には額面通り反応するけど、こちらが言葉を使って伝えたい内容に反応してくれない。それに有名な女性学の学者や女性弁護士がまだ言っていないことを私が言っても全然信用されない。よく、あなたの言い方が悪いから通じないんだと言われるけど、それだけじゃないと思う。権威のある人が言うことだったら、たとえ「定説」でないことでも、抵抗なしに受け入れるってことあるのよね。

それに一つ気になっていることは、女性弁護士の人って「勇気を出して訴えて下さい」って言うでしょ。弁護士の人たちは発言を求められると、法律関係のことを話さざるを得ないし、裁判で闘うよう奨励せざるを得ないから、無理もないのだけど。でも、そのことって「裁判をする人は偉くて、しない人は偉くない人」という見方を誘発してしまう。それとね、今まではサバイバーは「ネタ」だったけど、人権法廷などで当事者の話を聞こうと言うのが主流になれば、今の調子でいくと、「カムアウトする人は勇気ある人で、しない人は意識の低い人」ということになりかねない。

私、以前は「そういうふうに受け取る人が悪い」と思っていたけど、最近は、「いや待てよ」と思うの。現実にそう受け取る人が多いわけだから、影響力のある人は受け手のことを考えて、少し慎重に発言してくれないと困るって。

でも、おかしいのよね、私の仲のいい友だちはとっても鋭いこと言う人で、私なんか、うっ、怖いと思うことあるんだけど、その人、言い方がとても穏やかなのね。だから、相手は批判されても、そのことに気づかない。私は語気荒いから、話の中身がわからなくても相手は気配で非難されていることは充分わかるらしい。いずれにしろ、中身は伝わっていないらしいけど、果たして、どっちがいいんだろうか。彼女は相手との関係は悪くしていないということでましかもしれないし、ともかくも異議申し立てのインパクトを与えているってことでは私のほうがましかもしれないし?

稲邑　私なんかは、そのインパクトのないほうの部類だけど、その場で何の反応もなくても、後で自分の言っていたことを他人が言っていることってよくあるけど。

高橋　私もそれはある。私の言ったことがそのときには拒否されても、結果的には取り入れられることが結構ある。そういうとき「後で考えたらあなたの言ったこと正しかったわ」って言ってくれることはなくて、必ず向こうも最初から気がついていたように言うの。でも、それって私の感受性の搾取だと思わない？

稲邑　それに、違いがあるのに違わないと言われると闘えなくなるよね。

高橋　違いを作っていいところといけないところがあると思うのに、それが逆になっているの。例えば、私は、「私話す人、あなた聞く人」みたいな役割分担はおかしいと思っているの。でも、分けるべきことをなし崩しにするのも許せない。例えば、私がセクハラ受けたと言うと、私たちみんなそうよねって、お茶汲みさせられたことと一緒にされてしまう。それはちょっと違うんじゃない？

例えばね、「『ギブミー・チョコレート症候群』引きずったままでフェミニズム運動やったってしようがない」と私が言うと、「それは違う、私たちそんなアメリカかぶれじゃない」って言う。「あなたの言っていることは、みんなそんなことくらい知っている」と言うの。こっちが「私とあなたの間には違いがある」って言っているのに「違いがない」って言われると、もうその先は論争にならないでしょう。だからもう、私、これからは運動はやめて芝居やろうと思っているの。

私、最初はただ単に「アメリカのセクハラの問題に関して白人サイドの情報をうのみにするな」って言いたかっただけなの。それがあまりにも話が通じないものだから、一生懸命言っていけばいくほど話がどんどん膨らんでいって、しまいにフェミニズムの運動のありようそのものに対して怒っていく羽目になってしまった。

今のフェミニズムの運動は理論の整合性を守るために、感情や感覚に蓋をする。感情とか感覚持っていると悪いみたいに。私はそうじゃなくて、私の体験や感性を前面に出して、理論が後からそれについてくるようなそんなものを創りたい。もう理屈でわかってもらおうと思うことはやめたの。わからない人はしょうがない、わかってもらわなくてもいいって。

付記・このインタビューは六年以上も前のものので、今読み返してみると、言葉足らずと感じるところもあるが、表記や細かい言葉遣い以外は変更は加えず、そのまま掲載する（高橋りりす）

サバイバー・フェミニズム　目次

一番小さな魚　マイノリティーのフェミニズム……2
「一番小さな魚」をめぐるものがたり（高橋りりす・稲邑恭子）……6
始まり　まえがきにかえて……20
記憶の回復と混乱……29
不自然な理由……38
インタビュー開始……43
選挙の謎……48
加害者反応……53
例会で何が起きたか……58
私はなぜ「学長来日事件」にこだわるのか……64
支援できない三つの理由……71
被害者を責めるとはどういうことか……76

フェミニスト暴言集……83
裁判のプロスポーツ化……90
運動の勝手……94
困ったなあ……99
なぜ裁判か……107
人はなぜ被害者を責めるのか……113
シナリオ……117
腑におちないこと……127
選択という言葉のトリック……133
感情が恐い……136
日本の観客……142
対岸のサバイバー……146
他助グループの罠……152
言ってはいけない……163
化けられない子はどうする……166

順位温存型社会運動 … 168
市民運動の正義 … 171
この勇気、誰のもの … 173
「強い」あるいは「弱い」ということについて … 177
暴力的反性暴力理論 … 180
理論のズレコミと暴走 … 189
サバイバーとは誰か … 198
私が地図普及運動から脱落した理由 … 205
サバイバーよ、勇気を出すな … 209
リリスの復権 あとがきにかえて … 210

サバイバー・フェミニズム

始まり

まえがきにかえて

一九八三年一一月、アメリカの大学院の演劇科に留学していた私は、指導教授からセクハラを受け、学位授与が確定した翌年の九月に、大学内のセクハラ窓口に訴えたが、訴えるのが遅すぎたという理由で却下された。納得がいかず、学内のさまざまな窓口や弁護士にも相談したが、いずれも却下された。学内の窓口やガイドラインは、被害者を救済するというよりは、大学が訴えられないようにするために機能しているとしか思えなかった〈詳細については、拙稿「キャンパス・セクハラ対策の落とし穴」上野千鶴子編『キャンパス性差別事情　ストップ・ザ・アカハラ』〈三省堂、一九九七年〉を参照〉。

帰国して何年か経った一九八九年、「性暴力とたたかう女たちのネットワーク'90」（ST

ON'90 以下「STON」）が結成され、私はそれに参加した。STONは、翌年の九〇年に旗揚げの催しを行い、九六年のニュースレターの最終号発行を最後に現在は解散している。

私は、セクハラの被害に遭う大変さを身をもって体験しているので、セクハラをどうにかしてなくしたい、私の経験がその助けになればと考えていた。被害者に対する偏見がまだ世の中に根強くあるということは、いくら世間知らずな私でも思い知らされていたので、自分が被害者であることを迂闊には明らかにできないと思ってはいたが、「悪いのは加害者で被害者ではない」という共通認識があった（はずの）運動体の中では明らかにしても困ることはないだろうと考え、運動の中だけでカムアウトするといった、いわば「半カムアウト」をすることにした。それでも、予測できない差し障りが出てくる可能性を考えて、「高橋りりす」という活動名を使うことにした。

反性暴力運動に参加したのはいいが、その動きの中に私にはどうしても気になることがあった。当時は、セクシュアル・ハラスメントという言葉がアメリカから輸入され、社会問題化の兆しが見えはじめ、福岡セクシュアル・ハラスメント裁判など、セクハラ裁判が起こされはじめた時期であったため、具体的なセクハラ対策について語られるとき、しばしばアメリカが引き合いに出され、アメリカでは対策がいかに進んでいるか、日本はいかに遅れているかといったように、ほとんどアメリカの一面的な良い面しか紹介されていなかった。そして、「日本もアメリカに続け」とばかりに、アメリカのセクハラ対策を無批判に導入しようという動きがあった。私は、「アメリカの対策にも問題がある」ということを周りに伝えようとした。

それには、加害者を護り、被害をなかったことにし、結局は私への虐待に加担した「アメリカのセクハラ対策」なるものが称賛されることへの不快感と、無批判に「アメリカのセクハラ対策」を導入することによって被害者の首を絞める結果になるかもしれない危険性を知らせたいという義務感という二つの要素があった。とにかく私は、自分がアメリカでセクハラを受けたということを明らかにした上で、日本も導入すべきと論じられているアメリカのセクハラの窓口やガイドラインが、実際にはいかに被害者を訴えられなくするために機能したかという情報を反性暴力運動のために提供しようとした。

ところが、STONの集まりで話そうとすると、いつも途中で遮られた。「時間がない」という理由が多かったが、ほかの人はもっと長く話していても、よほど長くならないかぎり、途中で切られることはなかった。しかし、私の場合は、ひどいときは一〇秒で切られた。

九二年の春、いつも時間がないという理由でこのことについて話すことができないのであれば、別に時間をとって私の話を聞くための会を開いてほしいと、STONに要請した。私が主に訴えたかったのは、次の三点であった。

（一）セクハラ窓口が大学当局の設置するものであるかぎり、被害者を救済するよりも、大学や教授などの大学側の人間を護る機能を果たしてしまうのではないかという危惧。

（二）被害者がとても訴えられないようなガイドラインや窓口を設置し、大学はセクハラ対策を行っているのに訴えない被害者が悪いというように、大学の責任逃れのためのガイドラインや窓口を作られてしまうという危険性（企業であっても同じ危険性がある）。

（三）アメリカのセクハラ対策が語られるときに、人種の力関係というものがほとんど言及されないことへの疑問。

ところが、私の要望に対してのSTONの回答はノーであった。なぜ私には話をさせないのか、という私の問いかけに対する回答は、人によって異なったが、共通することは、私の話したいことは個人的な経験にすぎず、STONは性暴力をなくすための社会へ向けた活動を行う運動体であり、メンバーの個人的な心の傷を癒すための団体ではないということであった。私は、私の心の傷を癒す必要があるかどうかということと、私の提供する情報が運動にとって有益であるかどうかということは、別問題であると主張したが、誰も聞く耳を持たなかった。「あなたが癒えていないということは事実なのだから、運動に参加する前にまず自分の心の傷を癒すべきだ」と言われた。

それ以外にもいろいろな人からいろいろなことを言われた。その中には、例を挙げればきりがないが、「裁判も起こさずに泣き寝入りをした被害者の話は聞くことができない」とか、「当事者は専門家のように話をきちんと整理して話すことができない」とか、「留学することを選択したのはあなたで、何も私たちが留学してくれと頼んだわけじゃない」とか、「私たちは、セクハラ対策の進んだ国アメリカということを強調して運動を展開してきたのに、アメリカの弱点を明らかにすることは女の運動に水をさすことになる」とか、反論するのもアホらしいような発言も多々あった。それらに対してバカ正直に真面目に反論すると、別の人から「それは、確かに間違っているが、発言したそれぞれのメンバーの個人的意見にすぎず、発言したその人個人の問題であり、ＳＴＯＮとしては関知できない」という答えが返ってくるのである。どのみち、ＳＴＯＮとしての結論は、私の話を聞く必要はないというものであった。

では、ＳＴＯＮのグループとしてのその理由は何かと問うと、「私たちは、一つのことを全員でやろうとか、団体として一つの見解を出すというグループではなく、個人が個人の裁量で参加するというグループなので、ＳＴＯＮとしての理由というものはない」ということであった。そして、いつも「やっぱり個人的なことは聞けない」「アメリカの方が進んでいることは事実だ」「やっぱりあなたには癒しが必要なのよ」という言葉で論議が打ち切られてしまった。いつまで経っても、どこまでいっても、堂々巡りだったのだ。

そんなやりとりがＳＴＯＮの何人かのメンバーと私の間で行われていた時期、私はＳＴＯＮの例会で、やはりどうしても私の話を聞く会を開いてほしいと提案した。押し問答の末、それほど言うなら聞きましょうということになって、その場で「さあ、どうぞ」と言われた。日時や場所を改めて設定し、それなりの準備をした上で話すことを考えていた私は、急に話せと言われて、面喰らってしまった。しかも、それは、シンポジウムなどで情報を得るために講師の話を聴くといった敬意の伴うものではまったくなく、「仕方がないから聞いてやろう」という態度であった。私は屈辱を感じたが、何の準備もないままに、その場で話すしかなかった。時間もあまりなかった。しどろもどろになりながら、私は経過を話した。もちろんきちんと話すことはできない。自分の受けた被害について話しながら、私は、檻に入れられた珍しい動物になって外から眺められているような、そんな気持ちがした。そのような経緯で、私は、ついにSTONを退会した。

STON以外でも、私は、わかってくれそうな人をつかまえて、私の経験は重要な情報なのだということを個人的に伝えようとしたが、まったく通じなかった。知的職業の女性で、しかもフェミニストを自称するような人であれば、私の言っていることが理解できるのではないかと思ったが、それは私の偏見にすぎなかった。また、私は何度もセクハラの シンポジウムに出席し、質疑応答の際にフロアから手を挙げてアメリカのセクハラ対策の問題点について発言した。ところが、私の意図はまったく伝わらず、ただ迷惑そうにされるだけだった。ときどき、フェミニズム系のシンポジウムなどに何を勘違いしたか迷い込んできて、質疑応答の時間に「やはり女は女らしく」というような大演説を堂々とやってのけ、出席者から大ひんしゅくを買う場違いなオジサンがいるが、私もそれとほぼ同列の扱いであった。主催者や出席者から見れば、私は、シンポジウムを邪魔しにくる「困った人」であった。途中で遮られ、「貴重なご意見をありがとうございました」と軽くあしらわれるのはまだましなほうで、主催者側からはもちろん、出席者からも袋だたきに近い扱いを受けることさえあった。誰も理解してくれない、そういう状態が何年も続いた。

しかし、何年もの間、同じ主張を続けていたら、私の言っていることを理解してくれるフェミニストも、ほんの少数ではあるが段々出てきたのである。そういった周りの状況の変化と平行して、私の活動の状況にも変化があった。STONを退会した私は、「アジア女性会議ネットワーク」のメンバーになり、それに続いて、女性の視点で芝居づくりをしていこうと（「女性の視点とは何か」とキビしく追及されてしまうと非常に困るのだが）、劇団「リリスの足」をもう一人の女性と結成した。しかし、運動のやり方への不満やら人間関係の煩わしさから、両方とも何年か活動したのち、やめてしまった。その間に、シナリオ以外はまったく文章を書く者ではなかった私が、少しずつ文章を発表するようになった。そのきっかけを与えてくれたのは、私の主張を理解してくれたほんの少数の中にいた人たちである。そして、いつの間にか、私が主張したいことは、「アメリカのセクハラ対策を無批判に導入することの危うさ」だけではなくなっていた。

一九九七年のほぼ同時期に、劇団「リリスの足」が解散し、『キャンパス性差別事情』が出版された。私がずっと伝えようとして長い間誰も耳を傾けようとしなかったことがようやく活字になったのだ。「性的被害を受けた人は感情的で冷静な理論展開ができない」と、反性暴力運動の中で言われたことがずっと残っていて、自分が論理的であることを証明しようと必死になって書いた文章が掲載されたのである。そうやって活字になった自分の文章を私は痛々しいと感じながら読んだ。それがきっかけとなり、同じ題材で今度は感情に焦点を当てた一人芝居『私は生き残った（副題・「キャンパス性差別事情　ストップ・ザ・アカハラ」をきっかけとして）』をつくった。一九九八年六月の初演以来、全国各地で上演している。

そうこうしているうちに、長い間忘れていたとんでもない記憶が戻ってきた。それは、一九九一年の春に起きた事件についてだった。九八年の秋から九九年の初めぐらいにかけて、段々と記憶が戻ってきたのである。通常であれば忘れるはずのない出来事を私は八年近くも忘れていた。

この本は、その出来事の記録と、それに関連して私が考えたこと、そして、セクハラのサバイバーである私が、フェミニズムやフェミニズム運動についていろいろ感じたり、思ったりすることなどをまとめたものである。

なお、文中、「セクハラ」という言葉を使っているが、それは「セクシュアル・ハラスメント」という言葉があまりに長い上に、使われはじめた頃は色濃かった揶揄的ニュアンスを越えて「セクハラ」が一般に定着したと判断するからである。

記憶の回復と混乱

「えっ？　それってひどい話じゃないの！」

一九九九年の初め、『くらしと教育をつなぐＷｅ』の編集長・稲邑恭子さんと電話で話していたときのことである。私は、何年も前に女性団体と私との間に起きた出来事について話していた。受話器の向こうから伝わってくる驚いた気配に、私はたじろいだ。

一九八三年一一月、アメリカの大学院に留学していた私は、指導教授からセクハラを受けた。学位授与が確定した翌年の九月に、大学内のセクハラ窓口に訴えたが、訴えるのが遅すぎたという理由で却下された。納得がいかず、学内のさまざまな窓口や弁護士にも相談したが、いずれも却下された。その後帰国して、何年か経ってから、「性暴力とたたかう女たちのネットワーク,90」（ＳＴＯＮ）のメンバーになり、反性暴力運動に参加した。そういう活動を行っていた時期に、私が被害に遭ったアメリカの大学の学長が来日した。

稲邑さんに話していたのは、そのときの学長来日にまつわる話である。学長は、大学の研究費のための寄付を集めに来日するということだった。その学長は、私が在籍していた頃の学長ではなく、新任の学長であった。それでも、私は不愉快で、安全が脅かされるような気持ちがした。加害者や加害者を連想させるものが、遠い外国に存在しているということで、少しは安心していられたのに――。学長来日のニュースは、私の精神を不安定にするのに充分足るものであった。その反面、被害を受けたとき私は敵の陣地にいた、日本であれば有利に交渉を展開することができるかもしれない、むしろこれはチャンスなのでは、と思う気持ちもあった。それで、この機に、たとえ当時の学長でなくとも、大学のセクハラ対策のまずさを抗議しておきたいと考えた。しかし、一人で抗議に行くのはとても心細かった。そこで私は、抗議に行く際、所属していた女性団体の女性たちについて来てもらおうと思ったのだ。

一人で抗議に行くというのは、当時アメリカの大学で、あちらの窓口こちらの窓口とたらい回しにされながら、一人で抗議を続けたつらさを思い出させることでもあった。それに、当時、学部には人種差別的な雰囲気があり、東洋人である私は、女であること、学生であることに加えて、留学生であることの立場の弱さを感じていた。そのことを大学内の女性センターの女性たちにわかってもらおうとしたのだが、白人のフェミニストたちは、話が人種偏見に関することに及ぶと、「私たちは、女性問題は扱うことができるが、人種問題は扱うことができない」と話も聞いてくれなかった。人種による力関係の不均衡もセクハラに関与していたという私の主張は、まったく無視された。彼女たちの言う「女性問題」とは、「白人女性の直面する女性問題」であったのだ。東洋人女性である私は誰の支援も得られず、仲間外れにされたようで、本当に本当につらかった。

しかし、今回の舞台は日本であった。今度こそ私は、一人で闘わなくてもいい。私の仲間の日本人のフェミニストたちがいる。ＳＴＯＮは、セクハラ裁判の原告を支援したり、女性差別的なポスターやチラシ、テレビ番組や出版物に抗議をするという活動をしており、企業などに数人で抗議に行くということもしていたので、当然、私も応援してもらえるものと思った。

ところが、私の依頼は断られた。

「理由は何だって？　えっ？　裁判を起こさなかったから？　アメリカで裁判を起こさ

なかったから支援できないって？　ほんと？　そんなこと言ったの？　ちょっと待ってよ。あなた、メンバーだったわけでしょ？　えっ？　えっ？」

「それってひどいこと？」

「当たり前でしょっ！」

電話の向こうの稲邑さんの驚いた様子に、私は、「ああ、あれはやっぱりひどいことだったのか」と、ぼんやり思った。

「それって、いつのこと？」

「随分前。選挙の年だったことは覚えてる。……。いや、もっと前。あの頃で選挙のあった年というと、えーと、九二年の参院選かな」

「その後、どうしたの？」

「その後もしばらくはメンバーだったけど、段々足が遠のいて、やめた」

「そうでしょうね」

稲邑さんの矢継ぎ早の質問にそのような受け答えをしたが、何か不確かな感覚があった。このときの感覚をどう説明したらよいのかわからないが、強いていえば、ぐっすり眠っているところをいきなり起こされて何か聞かれ、朦朧とした頭で答えているような感じである。

実は、学長来日の件について自分で話していながら、私は、自分がそのことについて話しているという自覚がなかった。私が無意識に話したことについて、稲邑さんがあまりにも強い反応を示したことに驚いて、我に返ったのである。そして、この出来事について、何年もの間、記憶がなかった、忘れていたということにはっと気がついた。

なぜ忘れていたのだろう。私は不思議に思った。それに、被害者が裁判を起こさなかったからという理由で、反性暴力を掲げている女性団体がその支援を断るというのもおかしなことのように思えた。しかし、そういった経緯は確かにあった。学長は確かに来日し、私はその学長への抗議について来てくれとSTONの例会で要請したが、私が被害を受けた当時アメリカで裁判を起こさなかったからという理由で支援を断られた。その結果、私は一人で学長に抗議をしに行ったのだ。その経緯自体もショックだったが、そのことを何年も忘れていたということもショックだった。

電話を切ってすぐ、「何年間も忘れていて、たった今思い出した」この出来事について話すために九州の友人に電話をかけた。すると、意外な言葉が返ってきた。

「私、その話は聞いた」

彼女の説明によると、私が前の年に家に泊めてもらったときその話をしたのだそうだ。何と答えたのかはっきりとは覚えていないが、その女性団体に対して批判的なコメントをしたはずだということである。私は、そのこともまったく覚えていなかった。

私は、とても不安になった。私は、記憶力がかなり良い方だ。もちろん、時間の経過とともにあやふやになることはあるが、このように私にとっての重大事に関する記憶がすっぽりと抜けてしまうというのは普通ではない。

私は、何人かの親しい友人に、私の留学先の学長が来日したという話を聞いたことがあるかどうか聞いてみた。すると、知り合って数年以下の人は誰一人聞いたことがないと答えた。しかし、知り合ってある程度の年数以上の人はそういう話を聞いた覚えがあると答えた。一九九一年に知り合ったある友人は、私が裁判を起こさなかったことを責められたという話は何度も聞いたが、この事件のことだけは聞いたことがないと言った。ところが、同じ頃知り合った別の友人は、そのことを知っていた。初対面のときその話をしていたが、それ以降私がその話をするのを聞いていないとのことであった。昔の手帳で調べてみると、その初対面の年月日は、一九九一年三月三〇日であった。それらのことから、一九九一年のある時期から一九九八年のある時期まで、私がそのことについてまったく口を閉ざしていたのは確かであるらしい。

私は、いつ学長が来日したのか特定しようとした。何か書いたものが残っていないか、手がかりになりそうな資料を探した。すると、いろいろな資料が出てきた。それらの中に学長来日を機に元留学生の同窓会を開催するというお知らせが見つかった。私は、この同窓会に出席し、学長に抗議をしたのだった。日時は、平成三年四月七日（日）午後三時〜五時、会場はパレスホテルとなっていた。平成三年といえば、九一年である。選挙の年ではない、と即座に思った。学長が来たのは選挙の年だったと稲邑さんには話したのだが、このように印刷物で残っているのは、動かしがたい事実だ。

そして、私がＳＴＯＮを退会したのは、一九九二年の夏である。つまり、私はこの事件の後一年以上もＳＴＯＮのメンバーであり続け、積極的な活動を行っていたというわけである。新聞記事や写真などが残っているので、こちらも動かしがたい事実だ。なぜあんなふうに支援を断られた後で一緒に活動が続けられたのかと問われれば、ＳＴＯＮのメンバーたちから支援を断られたという事実を忘れていたからとしか答えようがない。

しかし、「忘れていた」では説明のつかないことがある。出てきた資料の一部を眺めているうちに背筋が急にゾッとした。それは不思議な感覚だった。資料によると、その後学長がアメリカに帰国した後も、私は、セクハラや人種差別に対する大学の責任を追及しようとした。学長宛の手紙、大学への質問状やその下書き、別の個人に宛てた相談の手紙等が残っている。それらを見ると、私は学長の帰国後七ヶ月にわたり、大学から何らかの反応を引き出そうとしたのがわかる。しかし、大学側ののらりくらりの対応に疲れてしまって、そのままになってしまったのだ。確かにそういうことがあった。そのこと自体はわりと細かいエピソードまで覚えており、決して忘れていたわけではなかった。

私をゾッとさせたのは、この期間、こういった大学に対する働きかけと平行して、私がSTONの活動も行っていたという事実だった。同じ時期、STONでしていた活動内容についての記憶もはっきりとある。ところが、同時期に行っていたこの二つの活動の記憶が私の中で完全に分離していて重ならないのである。まるで、二つの別々の人格がそれぞれの記憶を持っているように。

また、後になって思い出したことだが、一九九五年に東京大学でキャンパス・セクハラのシンポジウムが開かれたとき、私は、例の留学先の大学のセクハラに関する学内規則を資料として提供した。それは、学長の帰国後、大学から送られてきたものだった。シンポジウムのパネリストを依頼されたとき、そういったものを持っていることを思い出し、わざわざ探し出して提供したのだ。そういうものを持っているという記憶や認識はあったのだが、なぜ私がそういうものを持っているのかということには考えが及ばなかった。それが学長来日の件とどうしても私の中で結びつかなかったのである。実感としては、ある意味で本当に記憶がなかった。もしかしたら、「記憶を抑圧していた」といった方が正確かもしれない。多分、「学長来日事件」は、長い間、私の心の中で、触れてはいけないタブーだったのだ。

不自然な理由

学長来日の際、抗議にあたってＳＴＯＮに支援を断られたという記憶が戻ってくると、仲間だと思っていた人たちに見捨てられた、見殺しにされたという心の痛みが段々と甦ってきた。まるで麻酔が切れてくるように、最初はどんよりとした痛みが、時間とともに激しい痛みになっていくのだった。

そんなとき、毎年三月に開かれる「おんなたちの祭り」の分科会募集のお知らせが届いた。この催しには元ＳＴＯＮのメンバーが多く関わっているようであった。そこで、私自身のセクハラ体験を題材とした一人芝居『私は生き残った』を分科会でやってみたらどうだろうと、ふと思った。『私は生き残った』では、セクハラを受ける苦しみと同時に、被害者に裁判を強要する善意の女性団体の独善性もテーマの一つとなっている。

　稲邑さんに電話をかけて、当時の苦しみが甦ってきて耐えられないほどつらい、どうしたらいいかと相談した。フェミニスト・セラピーのカウンセラーでもある稲邑さんは、大雑把に言って対処法は三つあると答えた。一つは、カウンセリングを受ける、もう一つは、加害者と対決する、そして、もう一つは、表現活動によって苦しみを昇華させること。「あなたにはカウンセリングを受ける必要があまりないと感じる。加害者と対決するのはリスクが伴う。あなたには三番目の方法が一番適当なのではないかしら」

　そこで、私は、「おんなたちの祭り」の分科会で一人芝居をやることについて意見を求めた。稲邑さんの意見は、「いいんじゃないかしら。表現するということだし、多分当時の関係者は一人も来ないと思うけど、元ＳＴＯＮのメンバーが関わっている催しで演じるということで、ある意味では間接的に『加害者』と対決することでもあるし、表現というクッションがあるから安全だし、いいと思うわ」だった。それで応募を決めた。

　翌年の二〇〇〇年「おんなたちの祭り」の分科会でこの一人芝居を演じ、心のけじめをつけ、一応の終止符を打つつもりでいた。それで、この件は「一件落着」となるはずであった。

ところが、「裁判を起こさなかったから支援できないなんて、理由としてあまりにも不自然ではないか」というある友人からの指摘で、すべてがひっくり返り、振り出しに戻ってしまった。「それが理由でないとしたら、本当の理由は何なんでしょう」と尋ねると、「それはわからない。でも、いくら何でもその理由は不自然だと思う」とのことだった。

それでは本当の理由は何だったんだろう、と考えると、気になって気になって仕方がなくなってしまった。その指摘を受ける以前は、「裁判を起こさなかったから支援しない」というのはあまりにも理不尽な理由だとただ憤慨していた。しかし、指摘されたとき、「それはただ単にあなたが皆から嫌われていたということじゃないの？　嫌いだから支援したくないとも言えないので、裁判を起こさなかったからという理由をくっつけただけじゃないの？」と彼女が仄めかしているように、ふと思えてしまったのだ。そして、それは、もっともらしく思えた。そういう意味で言っているのかどうか確かめたかったのだが、もしそこで、「そうだ」と言われてしまったら、それが本当の理由として確定してしまうような気がしてとても聞けなかった。

そして、考えは悪い方へ悪い方へと流れていった。「私は仲間だと思っていたのに、本当は心底嫌われていたのだ。それに気づかなかっただけなのだ。私には皆から嫌われるような自分では気がつかない落ち度があるのだ。よく考えてみれば、アメリカでも、私が支援を必要としたとき誰も助けてくれなかった。同じパターンではないか。皆が私を助けてくれなかったのは、私には助ける価値がないからだ。それを皆が知っていたからなのだ」

私はかなり気が弱くなっていた。しかし、本当にそうなのだろうかと、疑う気持ちもあった。私は、友人が多い方ではないが、そんなに少なくもない。それなりのつきあいもある。友人たち全員がいやいや私につきあってくれているとも思えない。悩んだ末、「あーだこーだと想像して悩んでいても仕方がない。本人たちに直接聞こう」ということになってしまった。

友人たちに意見を求めると、皆一様に否定的だった。「その人たちが『本当の理由』を話してくれるかどうか疑問だし、ひょっとしたら本人たちにさえ『本当の理由』がわかっていないかもしれない」「もしかしたら、『英語がしゃべれないから気後れがするけれど、プライドが邪魔してそれを認めたくない』とか『ガイジンと対決するのが恐い』とか、あなたから見ればチョー下らない理由から断ったのかもしれないじゃん。そんなんだったらアホらしいじゃん」「傷つくことの方が多くて得られるものは少ないんじゃないかしら」

一〇年も前からセクシュアル・ハラスメントの問題を追いかけているフリージャーナリ

ストに意見を求めると、「確かにそのとおり、今考えると、裁判を起こさなかったから支援できないという理由は不自然だけれども、九一年という時代を考えると、当時反性暴力運動をしている女たちがそういう理由で支援をしないということは充分あり得たことだと思う」とのことだった。稲邑さんも同意見だった。

しかし、私はどうしても当時の関係者たちになぜ支援をしてくれなかったのか直接聞いてみたいと思った。私が本当に支援をする価値のない人間なのかどうか、確かめたかった。なぜ私が八年間も記憶を失うほど苦しまねばならなかったのか、納得したいと思った。たとえ拒否されても、拒否というのも回答の一つだと考えた。それに、事件から随分の時間が既に経ち、人の記憶も大分薄れている。これ以上時間が経たないうちに話を聞いておきたいという気持ちもあった。そして、この一連の出来事を記録として残しておこうと思った。

インタビュー開始

九九年一二月中旬、私はさらに押し入れの奥をひっくり返してSTONに関する資料を捜した。ニュースレターがあるはずだが、最後の二号分しか見つからなかった。新聞や雑誌の記事や、主催したシンポジウムや集会のチラシ、私が書いた抗議文や元メンバーからの手紙、当時の手帳なども捜し出した。そして、どの時期に何が起きていたのか、だいたいの把握をした上で、まず誰にインタビューをするかを考えた。当時のことを知る友人が、元STONメンバーから非常に攻撃的な態度を受けるかもしれないことを覚悟しておいた方がいい、できるだけ関係の良かった人から順にインタビューしていった方がいいとアドバイスしてくれた。彼女が元STONのメンバーの何人かの連絡先を教えてくれたり、橋渡しをしてくれた。

最初に連絡をとったのは、途中からいつの間にか集まりに来なくなった人で、恐らく何も知らないだろうと思って電話をかけた。しかし、驚いたことに学長来日の件を知っていた。ただし、細部が少しずつ食い違っている。彼女は、学長ではなく加害者の教授本人が来日したと記憶していた。また、同窓会の行われたホテルを、パレスホテルではなく、京王プラザホテルと記憶していた。実際の日時は、日曜の午後三時からであったのだが、平日の夜ではなかったかと記憶していた。九年近く前の話なので、このくらいの記憶の相違は当然で、むしろよく覚えている方ではないかと思った。

彼女は、私がSTONの集まりで支援を要請し、彼女もそこにいたと言った。その際、支援を断られたと言うと、「いや、そんなはずはない。誰かがついて行ったはずだ」と言う。そして、都合が悪くてついて行けなかった人はいたかもしれないけれども、支援を断るということはなかった、少なくとも誰か一人はついて行ったはずと、具体的な人の名前を挙げた。実際は支援を受けたのに受けなかったと思い違いをしているのではないかというのだが、そんなことはどう考えても絶対にあり得ない。

その後、何人かの元STONメンバーと話した。そのうち二人は、そういうことがあったような気もするが、なかったような気もするというような曖昧な記憶しかなかった。そのうちの一人は、当時わりと親しかった人で、一緒に映画に行って、帰りに喫茶店でおしゃべりをしたことなど、四方山話をして電話を切った。

この人は知っているかもしれないと思って電話をかけたある人は、この件についてまったくの初耳だと答えた。もう一人、この人は絶対知っているだろうと思って会って話した別の人も、全然知らないことだと答えた。知っていると期待しただけに、かなり戸惑ってしまったが、本当に知らないのだと判断せざるを得なかった。なぜなら、「加害者反応」がなかったからだ。

「加害者反応」というのは、私が勝手に使っている言葉だが、「加害者」やその味方をする人が、過去にあった「虐待」について「被害者」から何か言われたときに示す典型的反応のことである。「それは大したことではない」とか「よくあることである」というように矮小化したり、「昔のことである」と言ったり、「被害者に落ち度があったからだ」とか「被害者の態度や話し方が悪い」と「被害者」のあら探しをすることが含まれる。そして、「被害者」の話をまったく聞こうとしない。

また、人が嘘をついて何かを否定するときは、大抵、否定するまでの間が短い。身に覚えのないことを言われたときは、通常、否定するまで、ある程度の間がある。二人の反応は、嘘をついていない人の反応であった。

二人とも、STONは性暴力の被害者を責めるような団体では決してなかったし、被害者に裁判を強要するようなことも絶対になかったと言った。そこのところが腑におちなかった。私は裁判を起こさなかったことを繰り返し責められた記憶があり、STONは少なくとも彼女たちの言うようなグループではなかった。しかし、二人とも、学長に抗議する際に支援してほしいという私の要請をSTONが断ったことにショックを受けている様子で、例会で支援しないという結論になったのは納得できない、真相が知りたいと言った。この二人とはそれからも何度か電話で話した。

もう一人、会って話した人がいるが、この人にも「加害者反応」はなかった。ただし、この人は、私が支援を要請した例会に出席していた。しかし、彼女は、私が学長本人からセクハラを受けたと記憶していた。例会で私が学長来日の件について話した後、皆で抗議に行くとか行かないとかいう話になって、その後の記憶はないということであった。結局は抗議について行かないということになったのだが、なぜそういう結果になったのかということについて、彼女はまったく記憶がないと言った。また、私が学長が来日すると言ったということは覚えているのだが、支援してほしいという要請をしたということは記憶にない、セクハラについての具体的な説明をしなかったという印象があるとのことであった。それにしても、どうして当時学長への抗議について行かなかったのかということに関しては、正直なところ、「わからない」「覚えていない」としか答えられないのだった。私は、彼女が自己正当化や弁解をせずに「わからない」と正直に答えてくれたことに感謝した。

「加害者反応」を起こす元STONメンバーが意外にもいなかったことに私は安堵していた。こちらがインタビューをしていたはずが、私の方も、アメリカでのセクハラの経験、当局側がセクハラ窓口を設定する危険性、学長が来日したときの状況、九二年のSTONとの軋轢、九一年のことを調査することになった経緯などについて説明することになった場合も多かった。今回は話をきちんと聞いてくれ、よく理解してもらえたという印象を得た。当時は「運動」ということばかりに気がいっていて、その他のことには気が配れなかったという状況や、お互いに余裕がなかったということを確認し合った。

選挙の謎

当時STONの例会で支援を断られたのは、STONのメンバーたちが一枚岩的に「裁判を起こさない被害者は支援すべきでない」という確固たる信念をもってこの決断を下したのだという気が何となくしていたのだが、インタビューが進むにつれて、やはり、そこにあったのは、どちらかというと支援を断るという積極的な意思というよりは、このことに関する無関心であったという認識が強まっていった。

「本当に学長は来たの?」とか「実際は誰かついて来てくれたんじゃないの?」という質問に対しては、「私は実際に学長に会ったし、そのとき誰もついて来てくれなかった」とはっきり断言できた。しかし、その学長を迎えての同窓会のお知らせを送ってくれ、自分もそれに出席した人に一応電話で尋ねてみた。連絡はすぐつき、確かにそういうことがあったことを確認してくれた。

「そのとき私、誰かつれて来ていた？　まったく無関係な人を」と聞くと、「そんな昔のことは覚えていないが、記憶にないということは一人で来たのではないか」とのことだった。そして、ずっと疑問に思い心に引っかかっていたことを尋ねた。

「ねえ、そのとき選挙やってなかった？」

九一年は参議院選挙も衆議院選挙もなかったはずなのに、学長来日は、どうも選挙をやっていたという記憶とつながる。「そんな昔のこと覚えてないよ」という答えであり、私は、まあそうだろうなと思った。

もう一つ、学長来日から連想するのは「雨」であった。同窓会が開催されたとき、雨が降っていたような気がした。ホテル、傘、といった記憶が何となくあった。「雨降ってたよね？」と聞くと、やはり「そんなこともう覚えてないってば」という答えが笑いとともに返ってきた。

電話を切ってしばらくすると、学長に会った日の記憶が押し寄せるように戻ってきた。その日は確かに雨が降っていた。そして、午前中、雨の中を投票に出かけ、午後、同窓会に出席したのだった。それは、確かな記憶として戻ってきた。四月七日は、選挙の投票日だった。

「なぜ？　選挙の年ではなかったのに」。しかし、その日選挙の投票に行った記憶は確かなものだった。実際は選挙が行われてなかったのにこのような確かな記憶があるということに、一体何を信じていいかわからないような不安を感じた。考えているうちに、あっと閃くものがあった。「都知事選ではないか」

国政選挙のことしか頭になかったので、思いつかなかったのである。九九年に都知事選があったわけであるから、その八年前の九一年は都知事選の年だったはずである。それに違いないと思った。都庁に電話をして確かめることにした。投票日の天気は投票率を左右するので、その日の天気の記録も残っているのではないかと思った。

都庁に電話をかけて、九一年の都知事選について尋ねた。

「一九九一年は都知事選がありましたよね」

「ええ、ありました」

「投票日はいつでしたか？」

「四月七日、日曜日でした」

「当日の天気はわかりますか？」

「わかります。雨です。記録では雨となっています」

ああ、やっぱりそうか、と私は安堵した。記憶違いをすることがあったとしても、戻ってきた記憶がまったくデタラメであるということではないと確認できた。

一九九一年四月七日の日曜日、私は傘をさして都知事選挙の投票に行き、それからまた傘をさしてパレスホテルへ行ったのだ。


午後三時からパレスホテルで開催された同窓会に出席した私は、頃合を見計らって、用意してきた手紙を学長に手渡した。手紙を読む学長の顔色がさっと変わった。そこで私は大学の対応に対して抗議した。周りでは、大学から同行してきた何人かの教官、元留学生たちが歓談していた。学長は、ほかの人たちに会話を聞かれないように、私を導いて、人々の輪からできるだけ離れようとする仕種をした。私は「セクハラの訴えを学位をもらうまで待ったのは、学業上の報復を恐れたからだ。一旦訴えたものを訴えなかったことにすることはできないが、訴えることはいつでもできると思ったからだ。それに対して、セクハラ窓口のアドバイザーは、学業上の報復は規則で禁じられているから起こり得ないと答えた。だけど、規則で禁じられているセクハラが現に起こってしまっているのに、なぜ規則で禁じられているからといって学業上の報復をされないと信じることができるんだ」ということを必死でまくしたてた。そのとき、学長の顔には、「お願いだからそんな大きな声は出さないでくれ」というような懇願の色が浮かび、私の機嫌をとるように、「オフコース、オフコース」と何度も言った。私がアメリカの大学で同じことを言ったとき、応対した職員たちは、居丈高な態度をとり、私の英語がわからない振りをする人さえいて、私の主張を絶対に認めようとしなかった。何という違いだと思った。

そして私は、学長にとどめの大嘘をついた。現在日本でもセクハラに対する意識が高まってきていて、フェミニズム運動も活発になってきている、私もそういった運動に参加していて、大勢の日本のフェミニストたちが私を支援してくれているというようなことを言った。たった一人で学長と対決しなければならなかった私の必死のはったりだったのだ。これはかなり功を奏して学長を震え上がらせた。

そのときの様子については、私自身覚えており、このとおりのことを私が話すのを当時確かに聞いたと今回証言してくれた人がいた。

加害者反応

私は、何人かの元ＳＴＯＮのメンバーと話したところで、もうそろそろ核心に迫らなければならないなと感じていた。それまでに「加害者反応」を示す人がいなかったことにほっとしていたが、いつまでも周りをぐるぐるしているわけにはいかない。それに、今まで話した人は、皆、誠実に答えてくれたが、それでも私にとって過去のつらい部分に触れることであるので、もうあまり長引かせたくないという気持ちがあり、正直なところ、早く終わらせたかった。

私が支援を要請したＳＴＯＮの例会に誰が出席していたかについての記憶はほとんどなかったが、誰がその司会をしていたかという記憶はあった。それで元ＳＴＯＮメンバーからその人の自宅の電話番号を教えてもらって、電話でインタビューを申し込むことにした。彼女とはどうしても会って話さなければならないと考えていた。

早速電話をすると、自宅にいた。インタビューを申し込むと、なぜ、どういうことを、どういう目的で、いつのことを聞きたいのか、という質問が矢継ぎ早に返ってきた。私は、今までほかのメンバーに言ったのと同じように、それに回答したが、それでは納得せず、もっと具体的に何が聞きたいのかという質問をしてきた。私は、電話ではあまり具体的な話はしたくなかった。そこで、「STON時代のことを総括したいが、記憶の抜けているところがあるので、そこのところを聞きたい」と、できるだけ一般的な説明をした。すると、具体的にどの部分が聞きたいのかと、またもや追及してきた。これはもう仕方ないと、九一年に学長が来日した件について言及した。

彼女はそのことについて覚えていた。「ああ、そういうこともあったわね。それで、その件のどういうことについて聞きたいの?」

詰問するような聞き方だった。あまり具体的なことを電話で話すのはまずいなあ、とは思ったが、相手が、何を具体的に聞きたいのか言わないと会って話すことは了承できないと言うので、仕方なく、「九一年に学長が来日した際、大学のセクハラ対応のまずさを抗議したいと思い、ＳＴＯＮの例会でその支援を要請したような記憶があるんだけれど……」と、話しはじめたところで「それで、そういうことを聞いてどうしようっていうのよ！」と彼女が怒鳴りはじめた。私はしどろもどろになりながら、私の戻ってきた記憶では、彼女が司会をしていて、「裁判を起こさなかったからＳＴＯＮとしては支援できない」「支援はしたい人が個人的にすればいいんじゃないの」「ＳＴＯＮの例会で話すようなことじゃない」と言われたような気がするんだけど、と言うと、「そういう記憶があるんならそうだったんじゃないの？」と怒った声を出した。

そして、「そんな八年も前のことを今さら調べてどうしようっていうのよ！　そんな昔のことなんてもう覚えてないわよ！」と、怒鳴った。この記憶が八年近く抜けていたということがとても不安なのだと言ったが、相手はもう聞く耳を持たぬといった感じだった。「もし今までＳＴＯＮの活動をやっていて、もし私が今同じ要請をしたとしたら、私を支援してくれますか？」と聞くと、「そんなことを聞くなんて失礼だ」と、かんかんになって怒った。私が「このことについてまったく知らなかった元ＳＴＯＮのメンバーで、どうして支援しなかったのか真相を知りたいと言っている人もいる」と言うと、さらに怒って「それなら、真相を知りたい人たちだけで勝手に調べればいいじゃないの。私は関係ない」

と怒鳴り、「だいたいね、あなた、電話をかけてきたとき、ちょっといいですかの一言もなかったじゃないよ。相手がどんな状態かも確かめずに話し出す人って嫌いだな」と、私の電話のマナーにまで言及してきた。しかし、私は、会って話せるかどうかだけを聞くつもりで電話したのであって、当時の件について話をするつもりはなかった。話が長くなってしまったのは、彼女の方からいろいろと質問をしてきたからである。それでも、一応「ごめんなさい」と謝った。「そんな八年も前のことについて今さら聞いてくるなんて、失礼よ。そんな前のことなんて覚えてないわよ！」とさんざん怒鳴りまくった挙げ句、「もう切るよ！」と切ってしまった。とても攻撃的、高圧的、威圧的な、打ちのめすような言い方であった。

しかし、彼女が何度も言った「八年も前のことを今さら」という言葉が私の頭の中にベルを鳴らした。それが何なのかわからなかった。ただ、何か記憶を刺激されるような感覚があった。やはり、彼女が例会で「裁判を起こさなかったからSTONとしては支援できない」と言ったことは事実なのではないかと思ったが、確証がなかった。いずれにせよ、彼女の反応は、典型的な「加害者反応」であった。

私は、怒鳴られたことでかなり傷ついていた。そこで、元STONメンバーの一人に電話をして一部始終を話した。彼女は、私の話を受け止めてくれ、そして、彼女自身ショックを受けている様子だった。

私が電話で怒鳴られたことは、彼女からもう一人のメンバーに伝わり、その彼女もショックを受けているようだった。そのことで電話がかかってきた。また、私はその彼女にまた別のメンバーと話したい意向を伝えており、彼女はその橋渡しをしてくれようとした。それで、その旨をその別のメンバーに伝えてくれたそうなのだが、話したくないと断られたそうである。彼女にとってはこのこともショックだった様子であった。しかし、その人は学長事件のことを知っていたそうである。恐らくその場にいたのではないか、という話になったが、そのことは私も含め、私の聞いたかぎりでは誰も覚えていない。本人が話すのを拒否しているかぎり、確かめようのないことである。

例会で何が起きたか

その後も何人かの元ＳＴＯＮメンバーと話したが、学長事件のことは知らなかったり、知っていてもその例会には出席していなかったりで、新しい事実は何も出てこなかった。一九九九年も終わり、二〇〇〇年になっていた。

一月七日の夜、私は髪の毛をドライヤーで乾かしていた。そのとき「八年も前のことを」という言葉が何の脈絡もなく甦ってきた。「八年も前のことを今さら」。私がインタビューを申し込もうとしたときに、電話で言われた言葉である。その言葉が頭の中で何度も鳴り響いた。これはどこかでもっとずっと前に聞いたことがある。一体どこで聞いたのだろうと考えているうちに、あっと思い当たることがあった。九一年、私が学長への抗議について来てほしいと要請したあの例会で私は同じ言葉を聞いた。しかも、同じ人から聞いたのである。アメリカで被害に遭ったのが八三年、例会で支援を要請したのが九一年、電話で怒鳴られたのが九九年、ちょうど八年ずつ経っていた。「八年も前のことだし」。その言葉がきっかけとなって、記憶がずるずると出てきた。ぼんやりしていた記憶がはっきりとしたのである。

例会で私が支援の要請をしたとき、司会をしていた人が「このことは、今この例会で議題にすることではない」ということを確かに言った。つまり、ＳＴＯＮで取り組む問題ではないと言ったのだ。その理由として、「八年も前のことである」「来るのが加害者本人ではない」「裁判を起こさなかった。本人が闘わなかったのに支援はできない」の三つを挙げた。そして、ＳＴＯＮとしては支援できないが、メンバーが個人的に支援することは自由であるから、支援したい人が個人的に支援をすればよいと言った。そこにいた人たちは、誰もそれに反論をしなかった。それに少しでも賛意を表した人はいたかもしれないが、異議を唱えた人は一人もいなかったのである。しらっとした空気が流れていた。つまり、例会で話し合った末に支援しないという結論になったというよりは、議題にすらならなかった、門前払いをされたといった方が事実に近い。私は、この件について説明する機会さえも与えられなかった。これは、セクハラについての詳しい説明を私がしなかったという出席していたメンバーの記憶とも一致する。その例会に出席していたメンバーたちが支援をしないという結論を積極的に出したわけではないが、いずれにせよ、結果的には、私が支援を断られたことには変わりがない。

この記憶が正しいと証明する手立てはなかったが、確実なものだろうという確信はあった。その例会に誰が出席していたかまでは記憶が戻らないが、大体の経緯はわかった。これが真相だったのだ。もうこれ以上できることはないだろう。「これで調査は終了だ」と私は思った。

今までインタビューに協力してくれた人に一応の報告はしておこうと思い、気の向いたときに電話をすることにした。そして、その電話で私はまた新しい証言や戻ってきた記憶の確認を得ることになる。

私は、電話で最初インタビューしたとき、「学長が来日したという話は絶対に聞いたことがないとも断言できないし、聞いたことがあるとも断言できない。実際は聞いたかもしれないし、聞かなかったかもしれない。でも今の時点では覚えていない」と言っていた人に電話をした。九一年の例会でのことを報告すると、彼女は「あ、思い出した」と言った。

「あたし、そこにいたよ」

「ええっ?」と聞き返すと、「今まで忘れてたけど、○○さんというところで思い出した」と、司会の人の名前を言った。彼女は私が支援を要請した例会に出席していた。そして、私がそういう要請をしたことを思い出したと言った。そして、「どうして私が支援をしようと思わなかったかというとね」と、支援をしなかった理由を話してくれた。

「私は高校を出てすぐ働きに出たでしょ。大学も行っていない。だから、大学院へ行くなんてことは私にとって遠い遠い世界のことのように思えた。これが痴漢に遭ったとか、会社で上司にセクハラをされたということだったら支援をしようという気になったと思う。でも、大学院で指導教授からセクハラを受けたなんてピンとこなかった。それも痴漢や会社でのセクハラと同じ性暴力であることが今はわかる。でもそのときは、想像力がないといわれればそれまでだけど、自分には関係のないことだと思った」

私の方こそ想像力がないことに、自分がセクハラの被害を受けたということと、支援を得ることに気をとられていて、そのように感じる人がいるかもしれないなどということは、想像もしなかった。私は彼女の正直さに感謝したが、足元をすくわれたような気持ちになった。

それから、別の人に電話をかけた。九一年の例会で司会の人が言ったことを話すと、「その話は聞いた」と言う。「えっ？　いつ？」と聞き返すと、「その例会の後、あなたがその例会で彼女に傷つけられたと言って私に電話をしてきたときに、あなたからそのとおりのことを聞いた」ということである。「九一年のことなのね」と言うと「そうだ」と言う。そこで、例会で言われたことをひとつひとつ確認すると、「確かに、そういうことを彼女が言ったとあなたは言っていた」と断言した。

「支援できない理由として、八年も前のことだからと？」

「確かにそう聞いた」

「来るのが学長で、加害者の教授本人ではないからと？」

「そう言った」

「私が裁判を起こさなかったから支援できないとも？」

「言った。確かにそう言った」

「本当に確か？」

「確かだってば」

何度確かめても彼女はそうだと断言した。戻ってきた私の記憶が正しいものであるという確信はあったが、思いがけずそれを裏付ける証言も得ることができたわけである。覚えていてくれたことに感謝した。

「裁判を起こさなかったから支援できないというのは、理由として不自然ではないか」という友人からの指摘がこれらの一連の調査を始めるきっかけとなったわけであるが、九一年の時点で「本当の理由」はともあれ、表面上はそれが理由として挙げられ、誰もそれに異議を唱えなかったという事実は少なくともあったのである。

私はなぜ「学長来日事件」にこだわるのか

何年もの間忘れていた「学長来日事件」の記憶が戻ってから、この過去の出来事にこだわり続けている。私の記憶や行動にチグハグなところがあり、それが気になるということもある。なぜ支援を断られたのか真相を知りたいという好奇心もある。しかしそれらは、ある意味で表面的な理由にすぎない。私がこの出来事にこだわり続ける理由の根幹にあるのは「不安」である。

「裁判を起こさなかったから支援できないという理由はあまりにも不自然なので、何か別に理由があったのではないか」という指摘がきっかけとなり、「支援を断られた本当の理由」がどうしても知りたくなって調査を始めたわけだが、その中心にあるのは、「皆が私を支援しなかったのは、他人から嫌われるような私の人間性に問題があるのではないか」という拭っても拭っても拭いきれない疑いである。そう考えると、「私は支援するに値しない人間なのだ」「だから誰も支援しなかったのだ」というところに考えがいき、何だか自分が生きている価値のない人間のような気がするのであった。そして、しばらくすると、「いや、仲間から支援を断られても、たった一人でも学長に抗議に行ったではないか」と自分に誇らしさを感じたりして、この二つの気持ちの間を行ったり来たりするのであった。

「自分に落ち度があったから被害にあったのでは」と考えるのは、性的被害を含むあらゆる被害の当事者が陥りやすい思考パターンである。虐待を受けた子どもが「親に愛されないのは自分が悪い子だからだ」と思うのと基本的に同じである。知識のレベルでは理解できる。しかし、知識レベルで知っていることと、実際に感じることとは必ずしも一致しない。私は、「皆が私を支援しなかったのは私が悪かったからではない」ということを確信したいのだ。

私は、支援を断られたとき、感情や記憶、思考、精神の機能の一部を凍結してしまった。私はまだこの一件を受け入れられないでいる。私は、こういう事実があったということを事実として受け入れられるようになりたい。そのために私は調査を行い、事実を確認し、今度はその分析や考察を行おうとしている。

事実は、セクハラに関する抗議行動への支援の要請を女性団体がいくつかの理由を挙げて断ったということである。そして、大雑把に言ってこれには、（一）それが私を傷つけたということと、（二）それが理にかなったことではない、という二つの側面がある。この二つは、ある面では分けられない問題ではあるが、一方では分けて考えなければならない問題でもある。女性団体が支援をしなかったということとその際に挙げられた理由が私を傷つけたのは事実であるが、女性団体が支援を断ったことがいかに間違ったことであったかということをいくら証明したとしても、それは、得られなかった支援を取り戻すことにはならない。得られなかった支援は得られなかったのだ。

もし仮に、女性団体が支援を断ったことやその理由に正当性があったとしたら、私は傷つかなかったのだろうか。そうではないだろう。私が傷ついたのは、女性団体の態度が「フェミニズム」と矛盾していたからではない。自分を傷つけた相手の行為や言い分がいかに理不尽であるかを論理的に証明できれば、自分の傷の正当化ができるので、つい混同してしまいがちだが、そこのところはきちんと押さえておこうと思う。

こういったことに気づかなかったために、私は過去に大きな失敗をしている。私は、アメリカのセクハラ対策への批判の一つとして、人種による力の不均衡に対する配慮を欠いているためにマイノリティーにしわ寄せがくる危険性を指摘してきたが、「それでも白人の女性の被害だけでも抑止できるのであればよいではないか」という反論が何人かの日本人の自称フェミニストたちから返ってきたことがある。

そういった発言に対して私が最初にしようとしたことは、論理的反論である。つまり、そういった言説がいかにとんでもなく非フェミニズム的であるか力説したのである。ところが、まったく理解してもらえなかった。理解してもらえないまま話が打ち切られるというのは気分がよくないので、言った本人にだけではなく、ほかのフェミニストたちに「マイノリティーにしわ寄せがきたとしても白人の女性が護られればよいというのは恐ろしく問題のある見解ではないか」と、同意を求めたが、同意を得ることはできなかった。「窓口もなく一人も救済できない日本の状況よりも、少しでも救済できればその方がよいのではないか」と言われ、さらに傷ついたりした。「従軍慰安婦」問題に携わっている人であれば、こういった「大勢の女性を護るためには少数の女性が犠牲になってもやむを得ない」という見解がいかに問題のあるものであるか理解できると思ったのだが、私の話した範囲においては、そういった人たちの方がもっと話にならなかった。そういう運動をしている人の多くは、「従軍慰安婦」問題を性暴力問題の「聖域」のように考えているのか、「白人女性の被害が防げれば、留学生などにしわ寄せがきても仕方がないという言い方は、『従軍慰安婦』の制度があったために多くの日本人の女性が強姦されずに済んだという理論と同じだ」と私が言うと、「従軍慰安婦」問題を女子学生の受けるセクハラと一緒にしないでほしいと、激しく攻撃してきた。そのようにして、私はさらに傷つき、さらなる泥沼にはまっていった。

あるとき、私ははっと思った。私はなぜこんなにも自分の理論の正当性を証明したがっているのだろうかと。そして、あることがきっかけとなって、その理由がわかった。私は、「マイノリティーにしわ寄せがくるセクハラガイドラインでも、白人女性だけでも救済できるものならないよりはまし」という意味のことを複数のフェミニストから言われて、そのたびに傷ついたが、一番傷ついたのは、親しかったフェミニストの友人からそう言われたときであった。その一言が原因で疎遠になってしまったのだが、彼女はそれを知らない。外で偶然会ったときに懐かしそうに声をかけてきたことがあった。彼女にどういった態度をとったらよいか、かなり悩んだ。悩んでいるうちに、私が傷ついているのは、その言説が間違っているからではないということに気づいた。

「有色人種の女性にしわ寄せがきても、少なくとも白人女性は助かる」というのは、つまり「私にとってあなたより『白人女性』の方が大切である」ということであり、『白人女性』が被害に遭うよりもあなたが被害に遭う方がましだ」ということである。だから、あまり親しくない人に言われたときよりも、友人から同じ言葉を言われたときの方がずっと傷ついたのだ。

彼女にとって、私という人間よりも、特定されない、一般的な、いわば記号化された「白人女性」の方が大切だということであり、それを彼女は表明したということである。友人である私よりも彼女にとって見ず知らずの白人女性の方が大事だということが、悔しく情けなく悲しかったのだ。私はその事実を受け入れたくなかった。だから、彼女の言ったことがいかにフェミニズム的に間違っているかを必死になって証明しようとしたのだ。それが証明でき、それをフェミニストである彼女に認めてもらえれば、私が彼女にとって見ず知らずの白人女性より大切な存在になれるような気がしていた。しかし、実際は、彼女の言ったことが論理的に正しかろうが間違っていようが、彼女にとって私がさほど大切な人間でないと彼女が考えていることは覆すことのできない事実である。そういうことがわかって、私はとうとうその事実を受け入れた。

今回も、少なくとも私が支援を要請した例会に出席していたＳＴＯＮのメンバーたちにはあの時点で私に対する共感がなかったという事実を、結局は受け入れねばならないのだろうとは思う。しかし、私は、この件に関して徹底的な分析や考察を行わずにはいられない。なぜ支援を得られなかったのか、なぜ裁判を起こさなかったから支援できないという理由に誰も疑問をさしはさまなかったのか、解明を試みずにはいられない。なぜ八年近くも記憶を失うほど苦しまねばならなかったのか、自分なりに納得したいのである。

支援できない三つの理由

本当の理由が何であれ、私が支援を要請したときに挙げられた支援拒否の理由は、次の三つである。（一）被害を受けてから時間が経ちすぎている。（二）抗議の相手が加害者本人ではない。（三）被害者が裁判を起こさなかった。

この件についての記憶が最初に戻ったのと同時に思い出したのは、三の理由のみであった。この理由があまりにも不自然だというので調査を始めたわけである。しかし、のちに明らかになった残りの二つの理由も、不自然というか、反性暴力運動が主張してきたことと矛盾するものである。

一の「被害を受けてから時間が経ちすぎているから支援できない」というのは、性暴力を刑事告訴できる六ヶ月という期間があまりにも短すぎるという主張が、運動を行う中でされてきたことと矛盾する。また、被害を受けたことを、何十年もの間誰にも言えずに一人で耐えてきたという人の話が、性暴力の悲惨さを表す例としてよく引き合いに出されるが、そもそも性暴力は、訴えにくい性質のものであるからこそ、まったく表に出ずに終わってしまうか、表に出るまでに時間がかかるものなのだ。被害から時間が経ちすぎているという理由で訴えを却下することは、被害者に責任を転嫁し、性暴力の事実を隠ぺいし、性暴力の蔓延を助長することにもつながる。時間が経ちすぎているから支援できないという理由は、運動の趣旨と相容れないものだといわざるを得ない。

二の「抗議の相手が加害者本人ではないから支援できない」というのも、首をかしげざるを得ない理由である。加害者本人ではないとはいえ、加害者の教授の大学の学長には、管理者責任があるはずだ。アメリカでも日本でも、反セクハラ運動は、雇用側の管理者責任を認めさせるよう運動を展開してきたはずだ。

一九九九年の男女雇用機会均等法改正の際、職場でのセクハラに対する事業主による雇用管理上の配慮義務が盛り込まれたことや、二〇〇〇年に性犯罪を刑事告訴できる六ヶ月という期間が撤廃されたことを考えると、一と二の理由は、時代の動きに逆行したものともいえる。

三の「裁判を起こさなかったから支援できない」という理由については、その理不尽さにおいて、一と二の理由と少し性質が異なると感じられる。学費と生活費を賄うのがやっとであるといった経済状態の私費留学生が、実際問題として外国でセクハラ裁判を起こせるかということに考えが及ばないということは、フェミニズムの理論とか知識とかいう以前の問題だと思う。裁判を起こさなかったから支援できないというのは、友人に指摘されたとおり、確かに不自然かつ不当である。

いずれにせよ、これら当時挙げられた理由にはまったく正当性がない。これらの理由が本気で真面目に挙げられたのか、それとも、支援できない、あるいはしたくない理由が別にあったにもかかわらず、何らかの事情でこれらが口実として挙げられたのか、知りたいところであるが、実際に言った本人が回答を拒んでいるかぎり、その辺のところは推測するほかはない。また、出席していたメンバーは、それら三つの理由が挙げられるのを聞いたにもかかわらず、誰一人異議申し立てをしていない。少なくとも黙っていることによって承認した形になっている。なぜこのように矛盾した理由が形の上だけでも承認され、私を支援しないという意見が通ってしまったのだろう。

これら具体的に挙げられた三つの理由は、少なくとも当時はあまり違和感がなかったということはあると思う。当時は、とりあえず、性暴力反対のかけ声を出すだけで精一杯で、反性暴力のための理論構築など何もできていなかったのではないかと、今振り返ってみて思う。性暴力についてのシンポジウムや講座のようなものは開かれていたが、知識の情報としては、弁護士が法律的な事実や経験を述べたり、研究者がほとんどは何かの引用である統計学的なことを述べたりするに留まり、講師のフェミニズム的見解としては、「悪いのは被害者でなく加害者である」（大切なことであるが）ということや、「性的被害に遭ったら勇気を出して裁判を起こして下さい」といったことが繰り返し述べられていたにすぎない。当時は、そういったシンポジウム等で、有識者たちが話すということで性暴力の理論的説明を聞いているという共通認識らしきものがあるような感じがあったが、その内容は、実は性暴力についての理論的解説というよりは、どちらかというとシュプレヒコールに近いものだったと思う（今でも本質的には変わっていないという気もするが）。

そして、性暴力に関する集会やシンポジウムで、「勇気を出して裁判を！」ということが声高に叫ばれ、性暴力と闘う手段としての「裁判」が繰り返し強調されるにしたがって、「裁判」という言葉に対する抵抗が次第になくなっていったのではないか。そして、「裁判」

という概念だけが身近なものになっていったのではないだろうか。

また、九一年という時代は、それまで社会問題化されなかった性暴力の問題が「裁判」という形でようやく世に問われればじめてからまだ日の浅い時期であった。運動の中には、裁判という闘い方に対する大きな期待があった。そのため、裁判こそが最も正統な闘い方であり、その他の闘い方は、それに劣るものであるといった雰囲気が強かったのではないかと思う。当時から五年以上も経った九六年の一二月にさえ、私は、ある女性団体のメンバーが「裁判以外にどんな闘い方があるって言うんですかっ!?」と言うのを聞いている。

例会に出席していたメンバーたちのひとりひとりが、どういう気持ちで「裁判を起こさなかったから支援できない」という言葉を聞いていたのかは、結局はわからない。それをもっともな意見と思い賛同したのか、または、何となく聞き流したのか、前者後者とも何人かいたのか、インタビューで明らかになったように本人が覚えていないこともあるぐらいであるから、それは特定不可能なことであろう。しかし、「裁判を起こさなかったから支援できない」という言葉があまり違和感なく受け入れられる雰囲気が、あの時代、運動の中にあったということはいえると思う。

被害者を責めるとはどういうことか

今回、元STONのメンバーの何人かと話した際に、「私たちは被害者に裁判を強要したり、裁判を起こさないことを責めたりするグループではなかった」という言葉をしばしば聞いた。また、「アメリカで裁判を起こさなかったことを反性暴力の運動をしている女性たちから責められた」ということを私があちこちに書いていることに対して、「私たちはそんなことをした覚えが一切ないのに、一方的に真実でないことを書かれた」という不満も聞いた。私としては、これほどはっきりと責められたという実感があるのに、「責めた覚えはない」と言われて、狐につままれたような気分であった。なぜ、彼女たちと私の認識が、このように著しくずれているのかということについては、ずっと腑におちないままでいた。

二〇〇〇年の三月、私は東京ウィメンズプラザで催された「おんなたちの祭り」の分科会で一人芝居『私は生き残った』を上演した。元STONのメンバーが多く関わっている「おんなたちの祭り」の分科会企画に応募して、この一人芝居を上演することによって、心のけじめをつけようと思ったのである。

上演後、友人で、『生きる勇気と癒す力』（エレン・バス、ローラ・デイビス著、三一書房、一九九七年）の翻訳者の一人である二見れい子さんの司会で、被害者を支援することについてのトークを行った。トークの初めに、なぜ、私が「おんなたちの祭り」でこの芝居を演じようと思ったのかということについて話した。私がセクハラ被害を受けたアメリカの大学の学長が九一年に来日した際、学長への抗議を支援してほしいという私の要望を、私が被害を受けた当時裁判を起こさなかったからという理由で、STONが断ったという経緯についても話した。

すると、質疑応答の際に、いわゆる「運動サイド」の参加者から、「反性暴力運動の中で裁判を起こさない被害者を責めたという話は一度も聞いたことがない」という反論が出た。私にはこんなに責められたという記憶があるのに、なぜ支援者側の人間は「絶対に被害者を責めた覚えはない」と言うのかという、私自身今まで疑問に思っていたことに対する答えが、そのとき、スラスラと自然に私の口から出てきた。説明しながら、「ああ、そうか」と自分でも納得してしまった。

私は、「それは、被害者を責めるということが具体的にどういうことであるかという認識が、支援者と被害者の間でずれているということではないか」と、いろいろな例を挙げながら説明した。

例えば、被害について話して、「それであなたは裁判を起こしたの？」と聞かれたり、起こさなかったと答えて、「どうして裁判を起こさなかったの？」と聞かれれば、それだけで充分責められたと私は感じるし、「裁判を起こした勇気ある被害者」とか、「裁判を起こすなら支援する」という言い方も、裁判を起こさない被害者からすれば、責められていると感じるということを言った。

また、「被害者を責めるべきではない」と言葉では主張しながら、実際は被害者を責めていることが往々にしてあることを、『婦人公論』一九九九年五月二二日号に掲載された国広陽子武蔵大学助教授の「女子学生の実情　性犯罪を告発できるか？」という論文を典型的な例として挙げ説明した（実は、この論文を読み、不愉快に感じ、『婦人公論』編集部に対し意見を述べたところ、大変丁寧に話を聞いていただき、「専門家」だけではなく「当事者」の視点や主張も取り上げるべく、翌年の三月七日号に私の一人芝居についての記事を掲載していただいたという経緯がある)。

その論文は、冒頭で、日本人留学生は性犯罪のターゲットになりやすいということが述べられ、日本人留学生は「普段から自覚がなく無防備だ」と、「無防備」という言葉がそれこそ無防備に使われており、その部分は、誰がどう読んでも「無防備だから性被害に遭う」といっているとしか解釈のできないものである。「無防備だから被害に遭う」というのと「スキがあるから被害に遭う」というのと実質上どのような違いがあるのだろうか。ところが、その後「被害者に非がある」という社会一般の偏見について批判している。つまり、自分自身に同じ偏見があることにまったく無自覚なのである。

さらに、「被害者が事件を警察や公的機関に届けることが不可欠だ」「被害者側がはっきりした意思表示をできずにいることが、痴漢やセクシュアル・ハラスメントなどの性暴力をはびこらせる原因ともなる」「こうした行為を繰り返させてしまうことにもなる」と、明らかに、行動を起こさない被害者を責め、被害者の責任を追及するかのような文章が続いた後で、「だが、NOを言わない女性を責めるべきではない」と免罪符のようにフォローの文章を入れている。恐らく国広先生は自分が被害者を責めているなどとは夢にも思っていないだろう。しかし、「被害者を責めるべきではない」と言語レベルで認識することと、実際に被害者を責めないことはまったく別のことなのである。

そのような説明をしたところ、かなりの理解を得られたという感触があった。これまで、「責められた」「責めていない」の水掛け論にしかならなかったのが、初めて不毛でない話し合いができたのである。

専門家や支援者が「被害者を責めるべきではない」と言うとき、「被害者を責めること」を抽象的な概念として捉える。それに対して、当事者は「責められること」を具体的な状況において、自分や他の当事者に向けられた具体的な言動として捉えるのだ。その捉え方の差が、実際に具体的な言動があった場合に、一方は責めていないと認識し、もう一方は責められたと認識するという状況を引き起こすのだろうと思われる。

では、どんなときに私が責められたと感じたかという具体的な例をもう少し列挙してみよう。まず「裁判を起こさなかったから」という理由で学長への抗議の支援を断られたこと自体、私にとっては「裁判を起こさなかったことを責められた」ことであった。また、シンポジウムで当事者として発言しようとして、「裁判を起こさなかった被害者には発言の資格はない」と主催者や参加者から発言を制止されたときも、裁判を起こさなかったことを責められたと感じた。

「被害者の話は聞く必要がないから聞かない」と主張した人に対して、「じゃあ、どうして○○さんの話は聞くの?」と、話を聞いてもらえていた別の被害者について尋ねたところ、「○○さんは法的手段をとって闘ったけれど、あなたは闘わなかったじゃないの!」と怒鳴られたことがある。このときも責められたと感じた。

「裁判を起こす勇気もない」という言葉は、私に向けられたものであれ、別の人に向けられたものであれ、一般論として発言されたものであれ、運動の中のいろいろな場面で何度も聞いた。いずれの場合も、私にとっては、どうしても、裁判を起こさない被害者を責めていると解釈できるものであった。

また、「性的被害に遭ったら勇気を出して裁判を起こすべきだ」と主張する運動家に対して、私自身被害に遭った経験があることと裁判を起こしていないことを明らかにした上で、「裁判などそんなに簡単に起こせるものではない。もし、実際にあなたが被害に遭ったらどうかということを考えてみて下さい」と言ったことがある。そのとき、「私だったら絶対に裁判を起こします!」という自信たっぷりの答えが返ってきたが、仮定の話と現実の話は違うのにと、はらわたが煮えくり返る思いがした。

「支援者」の立場にいる人たちによるこれらの言動によって、私は「責められた」と感じたわけである。今までは、私が支援者の被害者を責める言動を指摘するたびに、支援者が責めていないのに被害者が責められたと感じるのは、被害者の「心の問題」だと片づけられてきた。つまり、責められていると感じるのは、被害者の「主観」であり、「客観」的には、支援者は被害者を責めていないということがいわれてきたわけである。

しかし、具体的にどのような言動が被害者を責める行為であるのかを誰が定義するのだろうか。私とて一被害者にすぎないのであるから、被害者全体の感じ方を代弁することはできないが、少なくとも、何が私にとって責められていると感じられることなのかぐらいは、私が定義したいものである。

フェミニスト暴言集

振り返ってみると、私はフェミニストを名乗る人たちからかなりの暴言を吐かれている。そのたびに、それを文字どおり受け取って、何て理不尽なことを言うのだろうと、反論を試みたりしてきた。しかし、本当にああいった暴言を自分の意見として発言したのかどうか、今になって考えると疑問である。ひょっとしたら、私の話を聞きたくない理由があって、とりあえず私を黙らせたい一心でいい加減なことを言っただけなのではないかとも思う。

それは、聞き分けのない小さい子どもに対する親の態度のようなものだったのではないだろうか。例えば、何かを買ってくれとだだをこねている子どもに対して、「明日買ってあげるから」と誤魔化すといったようなことである。親にすれば、ただ子どもを黙らせたい、その場を収めたいがために言っているのであって、本当に明日買ってやるつもりはない。明日になれば昨日自分が言ったことなどすっかり忘れている。そのようなものだったのではないか。

しかし、私は、小さい子どもではない。言われたことはいつまでも覚えている。言った方は、思いつくままに適当なことを言ったにすぎないので忘れている。本心で言った部分もあるかもしれないが、全部本心だったとすれば、かなりの問題である。やはり私を黙らせればそれでよいとばかりに、考えずに言った場合が多かったのではないか。だが、たとえそうであったとしても、それは私を一人前の人間として見ていなかったということで、それはそれで問題である。

私が今までフェミニストを名乗る人から言われた暴言を、思い出すかぎり挙げてみる。

「あなたはまだ癒えていない」

「そんなに自分の受けた被害について話したいのなら、フェミニスト・セラピーを受けてそこで話しなさい」

「あなたの話したいことは、主観的で個人的な経験にすぎない。なぜなら、統計の数字などの客観的データを持っていない。もし、運動のためになる客観的な話をしたいのなら、ほかの複数のアメリカの大学のセクハラガイドラインについて調査を行い、そのデータを発表すべきだ」

「当事者の話はみじめなので聞けない」

「当事者の話は、混乱していて聞きづらいが、弁護士や大学教授などの専門家の話は、整理されているので聞きやすい」

「あなたの話は下手だから聞かない」

「フェミニストには頭のいい人が多いので、特にそういう人たちは、あなたのような頭の悪い人の話はいらいらして聞けない」

「あなたに発言を許せば、全員の話を聞かなければならなくなる。話をするのが弁護士や大学教授などの専門家というので、みんな自分が話したくても我慢している。でも、話をするのがあなたのような一般人であるなら、みんなは納得せず自分も話したいと言い出して、収拾がつかなくなる」

「いくら被害を受けたといっても、あなたはアメリカに留学したエリートではないか。

ぜいたくだ」

「私たちが留学してくれと頼んだわけじゃない。自分から望んで留学したのではないか。その結果として被害を受けたのに、それを私たちのせいにしないでほしい」

「アメリカのセクハラ対策の欠点というが、あなたもアメリカがいいと思ったからそこに留学したのではないか。アメリカの欠点を指摘するなら、なぜアメリカに留学したのか」

「あなたは、セクハラを受けたとき、裁判も起こさなかったくせに、今さら意見を述べる資格はない」

「あなたがセクハラを防げなかったのは、学位を取りたいというすけべ心があったからだ」

「今まで日本の女性たちは、アメリカを例に挙げることによって、反セクハラ運動を展開してきた。ここで、あなたがアメリカの対応策の弱点を指摘すれば、せっかくの女の運動に水をさすことになるから、戦略的な見地からアメリカのまずい点を言うべきではない」

「アメリカのセクハラ対策には良い点もあるが悪い点もあるという説明では難しすぎて一般女性には理解できない。とにかくアメリカは進んでいて日本は遅れているのだという単純化した言い方でないと、運動が一般女性にまで広がらない」

「アメリカの方が進んでいるという事実は認めなければならない」

「アメリカの悪いところだけではなく良いところも見なければならない」

「どんなガイドラインでもないよりはあった方がよい」

「完璧なセクハラ対応策を提示できないなら発言するべきではない」

「日本の女たちが、女のためにならないガイドラインの導入を許すはずがない」

「アメリカの窓口やガイドラインのおかげで助かった人もいるはず」

「私は、アメリカの大学のセクハラ対策で被害者が救済された例を多数知っている。だから、あなたの言うことは一方的だ」

「自分の方がアメリカについてよく知っているという態度がよくない。私たちも本を読んだり、講座を聴いたりして勉強しているから、あなたが知っている程度のことは、誰でも知っている。だから、あなたの話を聞く必要はない」

（アメリカのセクハラ対応策が基本的に白人中心のものであり、そのしわ寄せがマイノリティーにいきやすいという私の指摘に対して）「マイノリティーにしわ寄せがいくとしても、少なくとも白人の女性が救済されるのだからよいではないか」

（日本に紹介されるアメリカのセクハラ対応策についての情報に、人種の力関係に関するものがほとんどなく、セクハラがまるで白人どうしの間のみで起きる問題のような印象を与えかねないものであるという私の指摘に対して）「日本は単一民族の国なので、そういった情報は必要ない」

（アメリカのセクハラ対策が万全であるかのような情報を掲載するのは、特にアメリカに長期滞在する日本女性も増えている昨今、まずくはないかという私の指摘に対して）「アメリカに長期滞在するという女性は、読者にはほとんどいない」

（性暴力の問題についてサバイバーに発言させないのはおかしいという私の意見に対して）「あなたはサバイバーであることを特権にしている」

（お茶汲み問題で、自分がお茶を汲まなくても済むような社会的地位にいる女性に「勇気を出してお茶汲みを拒否しましょう」などと簡単に言ってほしくないという私のコメントに対して）「お茶汲みを拒否することは正しいことである。お茶汲みを拒否しようと呼びかけることのどこがいけないのか」（それに対して、私が「あなたは女性だからといってお茶を汲まなくてもよい立場の人だ。そんなあなたが……」とさらに反論したところ）「私は大学教授だけど、女だからという理由でお茶をいれさせられることもあります！」

（シンポジウムの質疑応答で「被害者の心のケアについては話されるが、支援者の心のケアはどうなっているのか」と私がフロアから質問したところ）「私はフェミニズムを生業にしているのでそういう質問には答えられません。でも、私は、……という地域で……という団体で……という活動をしていて、そのメンバーの一人は、……という被害を受けたことのある人で、……という問題を抱えていて、ベラベラベラベラ……だから、支援者も当事者であるわけで……ベラベラベラベラベラベラ……」

まだまだ続くが、あー、書いているうちに気分が悪くなった。

裁判のプロスポーツ化

セクハラをテーマにした私の一人芝居『私は生き残った』上演後、トークを行うというイベントでの質疑応答の際のことである。参加者の一人が「性暴力をなくすためにはやはり裁判を起こすべきではないでしょうか」と発言した。私は思わず聞き返した。「誰がですか?」

今までに何度もいろいろな人から聞いたことがある発言であり、「べき」という言い方も気になったが、「誰が」ということが抜けているのも大変気になった。「反性暴力業界」には、「裁判を起こすことは正しいことである」という一般認識のようなものがあり、しかも「誰が裁判を起こすのか」という認識が欠けていると感じる。反性暴力運動の「運動」

の部分が、「私たち女性は」と女性を一括りにしてしまう傾向を生み出し、その辺を曖昧にしてしまうのかもしれない。裁判を通して性暴力をなくそうと考える女性たちの中には、たまたま被害を受け裁判を起こすことになってしまった女性に対して、本当の意味での共感のない、自分勝手な感情移入をしている人が目立つような気がする。裁判支援をすることによって、己の性的ルサンチマンをはらしたい人が多いように私には見える。「支援」は「私怨」であり、多くの支援者にとって、セクハラ裁判は、他人の不幸で自分の恨みをハラスメント裁判なのである。

私個人の意見としては、裁判を支援することによって己のルサンチマンをはらすこと自体は構わないと思う。しかし、そのことについて無自覚であることと、当事者との境界線を見失ってしまうことが問題だと思う。また、性暴力の問題に取り組む際に最も大変なことの一つは、自分の感情に向き合うことである。性暴力の問題に取り組むということは、感情が揺さぶられることから逃れられないということである。それは、支援者としてこの問題に取り組む人にとっても例外ではない。ところが、本人は気がついていないのだろうが、裁判支援をすることで、自分の感情と向き合うことを避けながら、大変な部分から目を逸らしながら、しかもとりあえず何かをやっているような気分を味わいたいという人がいる。それが問題だと思う。

そういう支援者の態度が「プロスポーツ観戦」を連想させるので、私はこれを「裁判のプロスポーツ化現象」と呼んでいる。多くのプロスポーツファンは、スポーツ選手に感情移入しながら応援する。そして、贔屓の選手やチームが勝つとまるで自分が勝ったかのように喜ぶ。実際に練習を積み、技術を磨き、プレーをしているのは選手だけなのに、熱烈なファンであればあるほど自分と選手の境界がほとんど曖昧になっている。「そこだ！行けっ！　そうだ！　右っ！　そこ行けっ！」などと、夢中になって頼まれもしないのに勝手な指示をしたり、「あーあ、俺だったら、あそこはああはしないな」みたいな、スポーツの専門家でもないのに、結構エラそうなことまで言ったりしている。

セクハラ裁判原告のサポーターの多くは、そういったスポーツのサポーターと似ているような気がする。裁判で一番大変なのは、当事者の女性であるはずなのに、自分たちの立場と当事者女性の立場との境界線を曖昧にしたまま、誰の裁判やらわからなくなっている人も多いように見える。弁護士がその知識や経験から法律上のアドバイスをするのならいざ知らず、法律の専門家でも当事者でもない人が「こうすべきだ」とか「私だったら泣き寝入りはしないな」などとかなり無責任なことを言ったりするところも、プロスポーツファンと似ている気がする。

プロスポーツは、そうやってサポーターが無責任な応援をしながら楽しむという約束で成立しているものである。選手はそれを職業としており、それなりの対価も支払われている。しかし、裁判を起こす女性は、それを職業としているわけではないし、スポーツ選手のような年俸をもらっているわけでもない。それなのに、プロスポーツ選手なみの役割を担わされていると感じる。

テレビで北野武さんが、「スポーツの試合を観て、感動した、感動した、と言っている人がよくいるが、あれは、感動というのとは違うのではないか。感動というのは、自分が何かして得るものであって、努力しているのはスポーツ選手で、自分じゃない。他人の努力で、感動、感動っておかしいじゃないか」と言っているのを聞いたことがあるが、世の中は、他人が何かするのを見ることで自分が何かしているような気になりたい人で満ちあふれていると思う。

そして、「フェミニスト」たちもその例外ではないと思う。裁判は、自分の感情は揺さぶられたくないが、性暴力の問題をどうにかしたい、さらに社会的に何か有意義なことをしていると感じたいという人の精神的ニーズを満たしてくれるのである。

運動の勝手

埼玉県にある国立婦人教育会館で行われた「二〇〇〇年女性学・ジェンダー研究国際フォーラム」に参加したときのことである。四日間の日程のすべてそこにいたのだが、自分の行った自主ワークショップのほかは一つしかワークショップに参加せずに、ずっと書籍を販売していた。ワークショップが行われている時間は、人が途絶え、暇なので、そこにいたいろいろな人たちと話をした。また、一泊だけ宿泊したのだが、その晩にもいろいろな人たちと話した。その際に「学長来日事件」に触れ、裁判を起こさなかったからという理由で反性暴力団体のＳＴＯＮから支援を断られたことについて話した。

すると、「支援団体がそのような理由で支援をしないという決定を下すのはおかしい」

と言う人もいたが、「それは支援団体の決定として正当性がある」と言った人が結構多かったので驚いた。そういうことを言う人がいたので、いろいろな人に意見を求めてみたら、そういった意見の人がわりと多かったのである。「裁判を起こさなかったから支援しないというのはあまりにも不自然」という友人の言葉に激しい不安を感じて、私があんなに神経を消耗させながら調査をしたのは一体何だったんだと当惑した。「あまりにも不自然」な人がこんなに大勢いるなんて！

例えば、弁護士が被害を受けた人に対して「裁判を起こすなら代理人になる」というのなら話はわかる。また、仮に、いろいろな支援団体がある中で、裁判の原告を支援する目的専門の団体があったとして、そのための体制で組織されているそういった団体が「私たちは裁判支援を目的にしている団体なので、裁判を起こさなければ支援できない。あなたの必要に合ったほかの支援団体に支援を求めて下さい」というのなら話はわかる。しかし、STONはそういう組織ではなかったのである。ただ単に反性暴力ということで結成された、法律については素人の集まりが、なぜそんなに裁判にこだわるのか。

任意の団体がどんな被害者を支援するか選ぶのは、その運動体の勝手で、それに対してどうこういえないというのが、大方の意見だった。それは、支援団体がある被害者を支援するあるいは支援しないと決定する理由や基準については、各支援団体の裁量に任されるべきもので、たとえ、それがどんなものであれ、批判されるべきものではないということらしかった。それは一見正論のようでもあるが、だとすれば、例えば、被害者が「非処女だったから支援しない」とか「離婚歴があるから支援しない」というのも運動の勝手ということになる。それも運動の勝手で各運動体が決めることなので批判してはいけないというのなら、これ以上の議論はできない。しかし、「それはおかしい。でも、被害者が裁判を起こさなかったからという理由で支援をしないのは運動の勝手である」というのであれば、それは、「たとえそれがどんな理由であっても運動の勝手である」といっているのではなく、「裁判を起こさなかったから支援しないという理由そのものに正当性がある」といっていることである。では、その正当性とは何か、というのが私の質問である。

それに対してある人は答えた。「被害者が裁判を起こしたか起こさなかったかは、その人の覚悟や闘おうとする気持ちがどれぐらいのものか判断する基準になる」。それを聞いたとき、私は思わず言ってしまった。「裁判は被害者に対する踏み絵ですか?」

こういう意見に対して指摘したいことが二つある。一つは、高みから被害者をランク付けしてやろうという傲慢さである。もう一つは、被害者の置かれている状況はそれぞれ異なり、同じ条件ではないということである。条件が同じではないのだから、被害者が裁判を起こしたか起こさなかったかは、被害者について判断する何の基準にもならない。

思えば、「裁判を起こさないという理由で被害者を支援しないのは是か非か」という議論が活字になったことはないのではないだろうか。いいかえれば、裁判を起こさない、または起こさなかったという理由で女性団体から支援を断られた被害者は私だけだろうかという疑問がある。私が今回国立婦人教育会館で話した人たちは、ほとんど「草の根」に属する人たちだったと思う。「草の根」といってもいろいろだと思うが、例えば、ある「草の根」の反性暴力団体が、支援を求めてきた人に対し「裁判を起こさなかったから」という理由で支援を断ったとする。そのことは外へは伝わらない、ニュースレターにさえ載らない、ということになるのではないだろうか。

つまり、そういう運動に直接携わっていない一般の人にはもちろん、女性学研究者やジャーナリスト、セクハラ裁判に関わっているフェミニスト弁護士にさえもそういう事実があるということが伝わらない。裁判になった場合のみ外へ情報が伝わるので、運動の表の部分にしか関わっていなければ、性暴力の専門家と呼ばれる人たちを含む有識者フェミニストたちさえ、その多くは、支援者が被害者を支援しているところしか見ていないのである。
そういった状況の中、「裁判を起こさないからという理由でその被害者を支援しないのは正当だ」と思っている人と、「裁判を起こさないからという理由で被害者を支援しないのは不自然だ」と思っている人が、そのことについて話す機会はない。相手のそれに対するスタンスの違いにお互いに気づかないまま、どちらのスタンスの人も同じ反性暴力という立場をとっていると認識しているという状況が「フェミ業界」にあるのだと思う。そこのところを明らかにしたい。

私が支援を断られてから一〇年近く経っているので、いくら何でも「裁判を起こさない被害者は支援しない」という支援団体の態度を支持する人は現在はもうほとんどいないだろうと思っていた。しかし、今回、裁判を起こさなかったから支援しないという理由が「自然」だと思う裁判フェチが今でも結構いるのだということを実感し、かなりショックだった。

困ったなあ

性暴力についてのシンポジウムで講師として呼ばれて話をしたり、被害者支援のための会議などで意思決定権を持っているのは、大抵の場合、やはり肩書きのある専門家である。そのような場で、何の肩書きも後ろ楯もないサバイバーが、自分がサバイバーであることを明らかにしないままであれ、明らかにした上であれ、サバイバーの視点や情報や意見を提供するのは、いかに大変であることか。

今は、セクハラをテーマとした一人芝居を上演したり文章を発表したりするようになったので、大分状況が変わったが、そういった活動を始める前、たまたま被害を受けたというだけのサバイバーにすぎなかった頃は、セクハラについて意見を述べる機会がまったくといっていいほどなかった。別に私は意見を述べるという行為がしたかったわけではない。私が伝えたいことを私の代わりに専門家と呼ばれる人たちが話してくれ、私が話さずに済むのならその方がよかった。しかし、専門家の先生が話すことと私が伝えたいことが同じでなかったから、話そうとしたのだ。私が是が非でも自分の意見を述べようとしたことについて、「よっぽど目立ちたいのね」という心ない言葉を何度か投げつけられたが、「誰がこんなことで目立ちたいか」と思う。

フェミ業界では、「私たち女性は対等であるべきなのだから、社会的地位のある女性を先生と呼ばないで、さん付けにしましょう」などと、表面的な平等を装うことはするが、実質的な面では、「男社会」と同様、ほとんど社会的地位の高い専門家にのみ発言の機会が与えられている。

一般人がシンポジウムなどの催しでスピーカーとして話すことがまったくないというわけではないが、たとえあったとしても、大抵の場合、知識人とはかなりの差をつけられる。複数のスピーカーがいる場合は、社会的地位のある女性とそうでない女性とでは、チラシなどに載る名前の大きさが違う場合もある。また、社会的地位の高い女性に、より多くの時間が割り当てられ、その他の女性は「五分ずつ」のような場合もある。アジア女性会議ネットワーク主催の国際会議参加者報告会でも、私の場合、明らかに他の人より伝える情報量が極端に多かったのに、「一般人」だという理由で五分しかもらえなかった。

また、別のある集まりで、珍しく、ある著名な女性と私が同じ条件でスピーチを頼まれたことがあるが、私だけスピーチ内容の事前の提出を求められた。講演慣れしたその女性は、恐らくは何の下準備もせずにスピーチをしたが、五分ずつということだったのに、時間が過ぎても話し続けた。私は、人前で話すことに慣れていないので、前もって稽古もし、時間も計り、ほぼ五分で終わるような、原稿というよりは、上演台本に近いものを準備して、スピーチをした。ちょっと時間が足りなくなったのは、思いのほか客席が湧いてしまい、笑いが少し収まるまで間をとったりしたからである。後ほんの少しで終わるというのに五分経った時点で止められた。それなのに、著名な女性は二〇分以上話し続けても止められることはなかった。

私は、芝居上演後にトークをするといった形で話すことは多いが、話だけで呼ばれることはほとんどないし、数少ないそういった機会においても、他のスピーカーと謝礼の額を比べるなどということは通常はないわけであるから、そこのところはどれほどの差別が一般的にあるのかないのか明言することはできないが、一度だけおやっと思うことがあった。

大学講師である友人と私がある女性グループに話をしに行ったとき、友人の謝礼の方が多かったのである。地方自治体などの主催であれば、謝礼の額は講師の実績などを基準に相場が決められているということがあるが、任意の女性グループが、まったく同じように話した二人にそれだけの差をつける理由がわからなかった。友人が大学講師で、私に何の肩書きもないからだろうか。友人は怒って私に差額の半分をくれた。前にも別の人と同じようなことがあり、そのときも友人は怒ってその人に差額の半分をあげたそうである。

また、こんなこともあった。ＳＴＯＮを退会して大分経ってから、キャンパス・セクハラのシンポジウムにパネリストの一人として出てくれという依頼が、ある女性団体からあった。依頼をしてきた人は、ＳＴＯＮのメンバーでもあった。私以外のパネリストは、弁護士や大学の先生や支援団体のメンバーであった。パネリストの話す時間は一五分ずつと言われたので、一五分ではとても話せないと答えた。すると、ものすごく恩着せがましい調子で、弁護士や大学の先生でも持ち時間は同じ一五分で、謝礼も平等に五千円だと言った。弁護士や大学の先生と同じに扱ってやっているんだからありがたく思え、と言わんばかりの口調だった。いやな感じがしたが、私はこのテーマについて発言したいと思っていたわけだし、こちらからの申し出がそれまでずっと断られてきたという経緯があり、「チャンスを与えてやったのに、向こうから断った」などと言われて、私に今後発言の機会を与えない口実に使われたりするのも癪なので、引き受けた。

約一年後に別のところから同じテーマでパネリストを依頼された。そのときは、「当事者であることを明らかにした上で話をしていただけますか」ということを最初にきちんと尋ねられた。そして、「あなたほど相応しい人はいないと思うのでパネリストを依頼する」ということも言われた。当日、私が話をする前、司会の人が、私が当事者であることを明らかにした上で話をすることを承諾したということと、それは専門家が自分の職業の延長上で話すのとはまったく違う大変さの伴うことだということ、だから、そこのところを頭に入れて、心して聞くようにという意味のことを参加者に言ってくれた。シンポジウム後の打ち上げでも、私が一番大変な役目を負ったのだからと、会費は払わなくていいと言ってくれた。目の奥がじわっとした。そして、約一年前に私の受けた扱いがいかに不当であったかをそのときに改めてはっきり自覚した。フェミニズム系のシンポジウムでこんなにきちんとした対応をしてもらったのはそのときが初めてであった。

私がフェミニストの集まりでひどい扱いを受けたことなどを書いたりすると、例外的なフェミニストによる例外的にひどい対応を例に挙げて、それをフェミニスト全体の問題だと主張していると批判されることがある。しかし、実際は、このようにきちんとした対応を受けることの方が、例外中の例外なのである。

当事者の声に耳を傾けることは大切であるが、シンポジウムなどの主催者が、ただ当事者を呼んで話をさせればいいとばかりに、必要な気配りをしない場合もあり、それが当事者を傷つけることがある（こういうことを指摘するので、「呼んだら呼んだであれこれ言われるならもう当事者は呼べない」と言われるわけであるが）。ある当事者がそういったシンポジウムに話をしに行ったところ、受講者から「これが話に聞く被害者なのか」という目で見られ、「そういう被害者にどう対応したらよいのかわからない」という当惑の色が感じられ、非常にいやな雰囲気だったそうである。一生懸命話をしても、受講者たちは、頷くでもなく、メモをとるでもなく、話をする当事者をただただ無反応に眺めていたということである。そして、その後に専門家が話すと、さっきとは打って変わった態度になり、大きく頷いたり、メモをとったりしたが、その反応のあった箇所は、当事者の話した内容と同じであったとのことである。

私がセクハラについての一人芝居をしたり文章を発表したりするようになる前、性暴力についての集まりなどに一般参加者として参加し、専門家の先生の発言内容について、不適切だと感じたり、重要な点が見落とされていると思ったりしたときなど、質疑応答の時間に指摘しようとしたが、まともに取り合ってもらったことはなかった。

シンポジウムなどでは、講師と一般参加者の間には力関係がある。最近は私も「講師」の立場に立つこともあり、よくわかるのだが、「講師」として話すのと、「一般参加者」として会場から手を挙げて話すのでは、その場で持つ力が違う。話をするときの精神的余裕がまったく違う。「一般参加者」が「講師」に異議を唱えるのは、かなり大変なことなのだ。

また、講師は、話す内容についてそれなりの準備をしてきている（しない人もいるようだが）。その講師がその場で問題のある発言をした場合、反論しようとしてもこちらは準備をしていないわけであるから、しどろもどろになりやすい。それなのに、しどろもどろになったことで、何を言いたいのかわからない、話が下手な人の話は聞けないと攻撃されるのである。

そんな経験を何度かするうちに、私の方もさすがに知恵がついてきた。専門家の先生の話の不備な点を効果的に指摘する術をある程度身につけた。講師の先生をしどろもどろにさせることも少しはできるようになった。それにしても、自分の時間を割いて、わざわざそういった会に出向いて、参加費を払って、専門家の先生に教えて差し上げていたなんて、何て奇特な行為だろうと思う。

しかし、どうにもお手上げな状況というのはあった。それは、被害の当事者がその場にいるかもしれないということにまったく想像がいかないような無神経な会の進め方や、心ない物言いに出会ったときである。あるテーマでシンポジウムや会を開けば、その当事者が来る可能性が高いのは当然である。なぜそういうことに考えが及ばないのだろうか。それとも、性暴力のテーマに限っては当事者は来ないとでも思っているのだろうか。

そのことを喚起しようにも、下手に「この場に当事者がいるかもしれないのにその言い方はあまりにもひどい」という言い方をすれば、それこそその場にいるかもしれない当事者は安全を脅かされたと感じるだろうと、言葉を選ぶので、やはりしどろもどろになる。すると、話が要領を得ないと攻撃される。そこで、「当事者である私としてはその言葉は傷つく」という言い方をすれば、「それはあなたの個人的な問題で、それを公の場で持ち出すべきではない」と反論される。こればかりは本当に困った。

なぜ裁判か

前述の「二〇〇〇年女性学・ジェンダー研究国際フォーラム」の期間中、何年も前に私があるシンポジウムでフロアから発言しようとして口を封じられているところに居合わせたという人から話しかけられた。「裁判を起こさなかったのだから話すな」と攻撃されて黙らされていたそうである。そのようなことは確かに何度かあった。しかし、何年も経った今、そのことを覚えていてくれた人から改めて教えてもらうと、何だか不思議な気持ちになった。

「裁判を起こさなかったから支援できないというのは理由として不自然である。何かほかに理由があったのではないか」と友人は言った。そういった理由そのものは、理屈だけで考えれば確かに不自然だが、そういう理由づけがされても不自然ではない状況が当時あったのだ（現在もまだあるということが今回わかったわけだが）。何かほかに本当の理由があり、それを言いたくないために、裁判という口実を使ったのだとしても、なぜその口実がほかのものではなく「裁判」なのか。「裁判」という口実は、後でよく考えるとおかしいのだが、何となくその場では人が反論できないような手っ取り早い説得力をもってしまう。なぜか。それは、裁判が最良かつ最も正統な闘い方であるという刷り込みが、反性暴力運動に携わる人たちの頭の中にあるからである。では、なぜそのような刷り込みができてしまったのだろうか。

セクシュアル・ハラスメントという言葉がアメリカから輸入された辺りから、セクハラを含む性的被害に関して、裁判を起こす人が段々に出てきた。それまではほとんどのこういった被害は、なかったものとして葬り去られていた。裁判が起こされたことで目に見えなかった被害が目に見えるものになったのである。当然、性暴力をなくしたいと願う女性たちの裁判に対する期待は大きかった。裁判は、個人的な問題とされていた性的被害を社会的問題として社会に認知させるための突破口だったのである。

そういう状況の中、性暴力といえば、必ず裁判が引き合いに出されるようになったのは、自然な流れである。そして、裁判になったケースが性的被害の代表のように扱われるようになった。しかし、数多く発生しているであろう性的被害のうち、裁判になるものはほんのわずかであり、裁判になるという展開は、代表的・典型的なものではなく、むしろ特殊な展開である。ところが、性暴力の問題となると、裁判になったケースが繰り返し例として挙げられるので、繰り返し効果によって、性暴力といえば裁判という刷り込みが、特に反性暴力の立場で性暴力に関心を寄せる人たちの間に起こってしまったということがあると思う。

それでは、なぜ裁判がこのように多く取り上げられるのかということについて考えてみたいと思う。まず、報道においては、性暴力の問題を取り上げる場合、それこそニュースになるような警察沙汰になった場合を除き、裁判のケースである方が取り上げやすいということがある。実際に被害に遭った当事者自身が報道の場に名乗りを上げることはまずないことに加えて、たとえ、当事者が名乗り出てきたとしても、報道するとなると、何かの枠組みがなければその扱いは難しい。その「枠組み」の一つが裁判というわけである。私も自分の被害経験を題材にした『私は生き残った』という一人芝居を上演するようになったら、マスコミで取り上げられるようになった。芝居という「枠組み」があるということで報道しやすいのである。

また、女性のための新聞を発行している人に聞いた話だが、当事者本人が取り上げてくれと名乗り出てきたとしても、その人の言っていることをそのまま書くわけにはいかない、裏付け調査をしなければならない、それにはお金がかかる、大手ならそれを支払えるかもしれないが、小規模なところはとても払えない、裁判になったものであればそういった心配をしなくて済むので、性暴力の記事といえば、裁判になったものを書くことになってしまうのだそうだ。そういう致し方のない事情もあって、裁判になったケースのみが大きく報道されることになる。

また、性暴力については、法律関係者からの発言が圧倒的に多いので、裁判についての言及がどうしても多くなるということもある。自治体や女性団体の主催するシンポジウムなどで講師として発言するのは弁護士などの法律関係者が多い。マスコミでも法律関係の人がコメントを求められる。そして、そういった人たちが自分の専門分野である裁判に言及するのは当然のことである。直接法律に関係する人でなくても弁護士の発言を引用して必ずといっていいほど裁判に言及したりする。つまり、ここでも性暴力と闘う方法として、繰り返し裁判が強調されるわけである。

また、裁判の情報については、量の面だけではなくその内容面でも偏りがある。実際の裁判の情報を伝える窓口になるのは、その裁判を担当した弁護士である。当事者はまず表に出られない。勝訴だった場合、法律の専門家による「画期的な判決」という言葉をよく聞くが、当事者にしてみれば、「まだまだ充分じゃない」と感じることも多いのではないか。多分「これが現在のところ法律の限界。それを考えればかなりいい線までいった」という意味の「画期的な判決」なのだろうが、そこのところが一般にあまりうまく伝わっていないと思う。結果としては、当事者の「判決には不満がある」という感想はかき消されても、弁護士の「画期的判決」というコメントは世に出ることになる。裁判を起こす利点の方が強調される結果となる。

裁判を起こした人の中には、「裁判なんか起こさなければよかった」という人も絶対いると思う。ところが、そういったコメントはまず表に出ない。それに対して、しばしば「裁判を起こしてよかった」は、勝訴判決直後の原告のコメントとして、または、代理人弁護士に原告が言った言葉として紹介される。しかし、支援してくれた人たちや代理人弁護士に対して「裁判なんか起こさなければよかった」と言うのは、裁判を起こすよりも勇気がいる（これは「勇気を出して裁判を！」と簡単に言ってしまう人たちへの皮肉）ことではないだろうか。それと同じ理由で、「裁判を起こしたことで心の癒しになりました」という原告の言葉は紹介されるかもしれないが、「裁判を起こしたことで心がさらに傷つきました」というのは、なかなか外へは出にくい。つまり、原告のコメントとして紹介されるものは、裁判を起こしたことに対して否定的なものはほとんどなく、肯定的なもののみが表に出ることになる。

このようにして、裁判が性暴力と闘う方法として喧伝され、実際以上の有効性があるような印象と認識が広まっていくのだと思う。「性的被害に遭ったら勇気を出して裁判を起こして下さい」という弁護士のコメントや、「裁判を起こした勇気ある被害者」といった新聞の見出しなどもそれに拍車をかけ、裁判は、性暴力をなくすためにこんなに効果的な闘い方なのだ、裁判を起こすことは正しいことなのだ、だから、性的被害に遭ったら裁判を起こすべきである、というコンセンサスが運動の中にできてしまうのだろう。

人はなぜ被害者を責めるのか

人は加害者よりも被害者を責める傾向がある。その傾向が最も顕著に現われるのは、性被害に関わる場合である。「女の方にスキがあったからだ」「派手な服装をしていたからだ」「男は性衝動を抑えられない生き物であるから女の方にそれを防ぐ義務がある」などと、加害者よりも、被害者の「落ち度」が問題にされることがこれまで多かった。

私の経験では、「被害者の落ち度」を責めるのは、男性よりも女性の方が圧倒的に多い。これは、一般的真理だとさえ思う。女性は、自分がいつ被害に遭うかもわからない不安を抱えている。もし、自分に何の落ち度もないのに、被害に遭うかもしれないというのであれば、不安でたまらない。そこで、誰かが被害に遭った場合に、「それは、その人に落ち度があったからだ。私には落ち度がないから被害に遭うわけがない」と、被害者が悪かったということにして自分を安心させたい心理が働くのではないか。そこには、「加害者は、どんなに働きかけても犯罪をやめないだろう」という諦めの気持ちと、「弱い立場にある被害者ならどんなに責めても反論できないだろう」といういじめの気持ちがある。

そして、そういった気持ちが、被害に遭うのは被害者に落ち度があるためとする「強姦神話」を助長してきたわけであるが、それに異議を唱えたのが、フェミニズムを原則とする反性暴力運動だったわけである。つまり、加害者が悪いのであって、被害者が悪いのではないという主張である。したがって、そういった運動に共感する女性たちは、「被害者の落ち度」を否定することによって、落ち度がなくても性被害を受ける可能性があるという事実を認めることになった。

さらに、反性暴力運動は、調査や研究を実施することによって、「社会的には弱者の男が性犯罪を犯す」という「強姦神話」をも覆した。つまり、加害者になるのは、学歴や収入、社会的地位に関わらないということを明らかにしてしまった。それは、性被害を防ぐこれといった手立てがなく、しかも、事によると加害者が社会的強者かもしれないという、女性にとって、より八方ふさがりの現実を明らかにしてしまったということである。

しかし、加害者に何を言っても聞いてくれそうもないという状況に変わりはない。その結果、加害者には何を要求しても無駄という諦めの気持ちを抱えたまま、何か言ったら聞いてくれそうな被害者に要求することになる。「勇気を出して裁判を起こして下さい」「泣き寝入りをしないで下さい」と。そして、「被害者が裁判を起こしさえすれば、何か行動を起こしさえすれば、性暴力がなくなる」とばかりに被害者に過大な期待をする。

これは、被害者に責任を押しつけることによって不安を解消しようとしているという点で、「女が毅然としてさえいれば、被害に遭わない」「スキがあるから被害に遭うのだ」と、フェミニズムを知る以前の女性たちが、責任をすべて被害者に押しつけて安心しようとしていたのと、心理面や構造面において本質的に変わりはない。

セクハラと闘えるかどうかは、「本人の心がけ」次第でどうにでもなるようなものでは絶対にない。それは、性被害が「本人の心がけ」次第で防げるものではないのと同じである。

「悪いのは加害者で、被害者ではない」ということを主張していたはずだったフェミニストを名乗る人たちの多くが、加害者に向けられない鉾先をいつのまにか被害者に向けているのである。さまざまな強姦神話を否定してきた人たちの間に、「勇気さえあれば裁判が起こせる」「被害者が裁判を起こさないのはその被害者に勇気がないからだ」「性暴力がなくならないのは被害者が泣き寝入りをするからだ」とする新たな神話が誕生したのだ。

それにしても、私が「裁判も起こさずに泣き寝入りをした」と反性暴力運動の中で責められていた当時は、反セクハラ運動は世の中の少数派であった。私が責められたのは、少数派グループの中での、非常に限定された状況での出来事だった。ところが、ここ数年の間に、セクハラの問題は、テレビや新聞や雑誌などの一般のメディアに普通に取り上げられるようになった。反性暴力の主張が普及したこと自体は、歓迎すべきことであるが、一方、訴えない被害者を責めるという傾向が運動の内部だけには留まらず、世間一般に広がり始めている兆しが見えるのが気掛かりである。

シナリオ

先日、ある初対面の大学教授と話していたときのことである。アメリカの大学に滞在していたとき、「あなたはセクハラの被害を受けていませんか？」「あなたはセクハラの加害者になっていませんか？」という手紙が毎週大学から届いたと彼女は話した。私が、「それには良い面と悪い面がありますね」と言うと、「そうですね。良い面は、それがセクハラはしてはいけないことだ、不当なことだということを念押しすることになり、抑止力になるという点、悪い面は、大学はきちんと対応していますよ、後は責任を負いませんよというアリバイとして使われてしまうかもしれないこと」と答えた。私は「おやっ？」と思った。なぜなら、こういうような状況で、こういうような立場の人と話していて、こういうような応答があることは今までほとんどなかったからである。

このような場合、今までの私の経験から予測できる展開は、私の方が彼女の言ったとおりの指摘をし、相手側が「でも、こういう対応をするなんてやっぱりさすがアメリカの大学よ。進んでいるわよ、日本と比べて」とアメリカの肩をもって気色ばむというものである。そして、私がアメリカのセクハラ対策の危うい面を指摘したことに不快感をあらわにし、私に対して攻撃的な態度をとるというのがいつものパターンであった。だから、彼女の受け答えは、嬉しい驚きだった。「私、フェミニストたちとこういう会話がしたかったのよね」と思った。

「フェミニスト」が私に対して攻撃的な態度をとるという場面は、今までに何度もあった。人や場面は違っても、その声の調子や顔色は驚くほど似ている。何か共通するものがある。どういう場合にそれが起きたかを思い起こしてみると、それには、一つの共通したパターンがある。フェミニズム運動には、決まったシナリオのようなものがあって、私がそれから少しでも外れることをしたり言ったりした場合に、フェミニストを名乗る気色ばんだおっかない人に厳しく叱られてしまうのだった。

そのシナリオの一つは、先に挙げた「アメリカ」または場合によっては「海外」（特に欧米）である。運動の中には、「アメリカは、日本より何十年も進んでいて、人権意識も進んでおり、日本は、アメリカをお手本にしてセクハラ対策を導入する」というシナリオが存在する。しかし、どんなものにも多面性があって、アメリカには素晴らしい面もたくさんあるが、そうでないところもある。ところが、「アメリカのセクハラ対策」なるものにちょっとでも批判的なこと、懐疑的なことを言うことは御法度なのである。

例えば、アメリカの大学には、女性が被害に遭わないようにキャンパスでの「エスコートサービス」を行っているところもあるという話がある。夜、大学の図書館に行くときなど、男性のエスコートが護衛の目的でついて来てくれるというサービスなのだそうだ。そういったアメリカの大学が現実に対して積極的に対処していることは素晴らしいことだと思う。しかし、それを聞いた日本のフェミニストたちが、「アメリカの大学ではそういう女性を護る対策がとられていて本当にうらやましい」などと手放しで称賛しているのを聞くと、「エスコートをつけなければ自分の大学も歩けんような状況のどこがうらやましい」とついつい突っ込みたくなってしまう。しかし、これを言ったが最後、彼女たちから猛烈な総攻撃を受けるのである。「あなたの見方は一方的だ。アメリカの悪い面だけではなく、良い面も見るようにしなければならない」とお説教を食らうこともある。私としては、

「悪い」と「良い」を差し換えてそのままお返ししたい。

また、「アメリカのセクハラ対策には良い面もあるが困った面もある」と言うと、「アメリカの対策にはこういう良い面もあるが一方悪い面もあるという言い方では、一般女性を混乱させる。一般女性にも理解できるように、とにかくアメリカの対策は進んでいて、日本は遅れている、という単純化した言い方でないと、運動が広がらないから、アメリカのセクハラ対策の問題点を指摘すべきでない」という反応か、あるいは、「アメリカのセクハラ対応策が万全でないということは、私たちはみんな知っているので、そんなことはあなたから説明を聞くまでもない」という反応が返ってくる場合もある。前者については、「一般女性」とは一体誰なのかという疑問を感じるし、誰を指して「一般女性」と呼んでいるにしろ、「一般女性」をあまりにもバカにした言い方だと思う。後者の「アメリカのセクハラ対策が万全でないということを知っている」というのは、具体的にどこがどう万全でないことを知っているということではなく、「『どんなものでも万全ということはない』という一般論を知っている」ということにすぎない。それを「知っている」と言い切ってしまっている。とにかく、「アメリカの悪口」は言わせないという意図を感じる。

私が日本の反性暴力運動から排除されてしまったのは、日本がお手本にすべき「アメリカのセクハラ対策」が実際はあまり役に立たないどころか、それによって口封じをされてしまったという事実が、運動のシナリオから思いっきり外れることであったからだということもいえると思う。

もう一つのシナリオは「裁判」である。「被害を受けた女性が勇気を出して裁判を起こし、フェミニスト弁護士が活躍し、それを女たちが支える」というシナリオである。そういうシナリオがあってもいいとは思う。しかし、性暴力と闘う方法としてそのシナリオしか許さないという頑なさが問題だと思う。私の場合、裁判を起こすというシナリオが不可能だったので、八年経ってから抗議をしたのだ。「被害者が八年後に責任者に抗議に行き、それを女たちが支援する」というシナリオだって構わなかったのに、「被害者が裁判を起こす」というシナリオの大前提を満たしていなかったという理由で、私は支援を断られたわけだ。

また、フェミニズムに関するシンポジウムなどで講師として話をするのは、社会的地位のある女性でなければならず、それをパンフェミ（＝一般人フェミニスト。一般人〈一般ピープル〉のことをパンピーと呼ぶのに倣った）が聴くというのも一つのシナリオだったのだ。そして、被害者は常に救済の対象であった。だから、被害者自身がセクハラ対策について提言を行い、それを皆が聴くというようなことは、発想さえなかったのだろう。

被害者は、常に救済の対象としてのみ認識されているのと同時にまたはそれに関連して、支援者より弱い人間、支援者が護り指導するべき人間、有り体に言ってしまえば、支援者より下の人間と位置づけられているという要素もある。思い返してみれば、「いくら被害を受けたといっても、あなたはアメリカに留学したエリートではないか。ぜいたくだ」と攻撃されたこともあるし、「大学院へ進学すること自体権威主義的だ」と批判されたこともある。もし被害を受けたのが、大学院ではなくて、普通の勤め先の企業であったのなら、少しは話を聞いてもらえたのではないかという気もする。

また、私が支援を断られた当時は、京都大学で起こったキャンパス・セクハラ事件（京大・矢野事件）が公になりキャンパス・セクハラが社会問題化される以前のことで、セクハラといえば企業における上司からのセクハラが主で、キャンパス・セクハラは、セクハラのシナリオに含まれていなかった。

もう一つの大きなシナリオは、「男性が加害者で女性が被害者である」というシナリオである。まだまだ性差別が根強く残っているこの社会では、割合としてはそういったケースが多いかもしれないが、そうでない場合もある。その虐待が性的なものであってもそうでないものであっても、女性も加害者になる場合があるし、男性も被害者になる場合がある。ところが、反性暴力運動はそれを認めたがらない。女性が男性から被害を受けた話は共感をもって聞くのに、それに当てはまらない話になると、急に態度が冷たくなり、話を遮ったりする。女性はいつも被害者で、もし加害者になったとすれば、それは性差別社会のなせるわざなのである。

「子どもへの虐待のほとんどは母親によるものである」といった記事が新聞等に出、それを「ほら、やっぱり女が悪いんだ。男には責任はないのだ」などと、鬼の首でもとったように言われるのは確かに困ると思う。そういうデータが出てくるのは、社会における女性の状況とか、父親が子育てに参加していないこととか、恐らくは、母親が自分の行っている虐待を問題だと認識し相談機関などに相談するケースがその他の虐待より多いために、そういったデータが表面に出やすいという状況があるのではないかと、私も思う。そういうことは、そういうこととして論じればいいことだと思う。

しかし、女性による暴力を無視したり、過小評価したりするのは、実際に存在する虐待を隠ぺいすることではないか。「女性が弱者への虐待に加担したりするのは、女性が性差別を受けているせいであり、それを理解しなければならない」などと、虐待を受けている側に言ったりする。そういうことを言う人に対しては、「あなたがそれを理解すればいいでしょう」と私は言いたい。被害を受ける側がなぜ加害者側の事情を考慮してあげなければならないのか。この場合の「女性の加害者を理解してあげなければならない」の意図するところは、「加害者が女性だったらそれを批判するな」である。私は前に、「女性が虐待をするのは、世の中の性差別のせいだから批判するな」ということを言われて、「そんなことを言うなら、職場や学校でいじめに遭ったり、不当な扱いをされている男の人だって大勢いる。そういう人がそのストレスを発散するために痴漢をしたり家庭で暴力を振るったりしても、被害者にはそれを理解する義務があることになってしまう」と反論したことがある。すると、「それは違う。女の人が加害者になってしまうことと、男が加害者になるのは、意味が全然違う」と言われ、「あなたの認識は間違っているから、もうこれ以上議論しても仕方がない」と議論を打ち切られてしまった。「女が加害者である」というシナリオはどうしても受け入れられないという態度である。

反性暴力運動が「運動のシナリオ」に固執する中、あるシナリオと別のシナリオが矛盾する例も出てきた。「被害者は救済の対象に留まるべき」という日本でのシナリオと「海外の運動は進んでいて、それをお手本にして日本の運動を進める」や「海外の女性たちの活動に接して感動する」というシナリオの矛盾である。

　そういう矛盾の発生に私が最初に気づいたのは、ＳＴＯＮを退会して一年ほど経った頃だった。「被害者の話は聞く必要がない」と言って、私が発言するのを阻止してきた人が、国際会議に出席し被害者がスピーカーとして発言するのを聞いてきて、「被害者が勇気をもって発言し、拍手が鳴りやまず、感動的だった」と報告したのである。そこで私は「整理された専門家の話だけを聞いていれば事足りるので、被害者の話は聞く必要がないというあなたの持論と、被害者が発言し感動的だったというあなたの報告は矛盾するが、そこのところはどうなっているのか」と直接質問した。すると、やはりというべきか、その人自身はそういった矛盾にまったく気がついていなかったのである。

　性暴力に関する国際会議や海外研修や海外視察の機会が増えるにしたがって、これに類似する例が目につくようになってきた。海外では、性暴力のサバイバーたちがカウンセラーとして活躍したり、シンポジウムなどでスピーカーとして話をしたりしている。国内ではサバイバーの声を聞くことをしない日本の「専門家」たちが、帰国後の報告会で「海外のサバイバーは勇気を出してカムアウトをして素晴らしい」といったことを発言したりするようになった。そして、「海外のサバイバーはこんなことを言っていた」と報告するのであるが、私が発言しようとして発言させてもらえなかったものと同じ内容だったりする。まったく腹立たしい。

そして、海外では、被害者が自らの体験を語り、それを皆が聴くということをやっているということになれば、日本でもそれをやろうと、今まで国内でサバイバーには話をさせなかった人たちが、そういった催しを計画したりする。目の前の現実を見て自らシナリオをつくるということはしないが、既に用意されたシナリオには忠実に従うのである。

考えてみれば、「女の幸せは結婚して子どもを生み育てること」といった、用意されたシナリオに、フェミニズムは異議を唱えてきたのではないか。「そういうシナリオがあってもいいが、『私』はそういうシナリオに縛られるのはいやだ」ということを言ってきたのではないか。それなのに、「運動のシナリオ」にがんじがらめになってどうするのだ、まったく。

腑におちないこと

「学長来日事件」を中心とする反性暴力団体との経緯に関連して、どうも気になることがある。それは、この一連の出来事を聞いたときのフェミニストたちの反応である。

私は、アメリカの大学でセクハラの被害に遭い、大学当局へ何度も訴えたが却下され、相談した友人には保身のため裏切られ、相談した弁護士からは怒鳴りつけられ、お金もなく、大変悔しかったが抗議を諦めざるを得なかった。帰国後にその大学の学長が来日した折、抗議をしようと思い、所属していた反性暴力団体に支援を依頼したが、被害を受けた当時アメリカで裁判を起こさなかったからという理由で支援を断られ、結局一人で学長に抗議に行った。その後、支援を断られた精神的ショックのため、その記憶を失った。

この話をすると、いわゆるフェミニストでない人からは、何のバックアップもない個人が外国で裁判を起こすなどということは、ほとんど不可能なことで、そういった状況で裁判が起こせなかったのは当然で、それを責めるのはあまりにも理不尽であり、八年後、支援団体から支援を断られても、一人で抗議に行ったということ自体驚くほどの勇気だと感じるといった感想が返ってくる。「フェミニスト」を名乗る人やそういう立場かなあと思われる人の中にも「フェミニストがそんな対応をするなんて信じらんない」とか、「あまりにも理不尽」とか「それは傷ついたでしょうね」という反応をする人がいないわけではない。しかし、「不特定多数」のフェミニストたちからは、「それがそんなに騒ぐほどのこと?」とか、「やっぱり裁判を起こさなかったのだから、支援を得られなくてもしょうがなかったんじゃないの?」という反応が返ってくる。私がなぜそんなに傷ついたのか、あのとき支援団体が支援を断ったことがなぜ大問題なのかわからないのである。そのポカンとした反応に私は戸惑わざるを得ない。

その戸惑いというのは、説明が不要だと認識していることについて説明を求められたとき、たとえて言えば、「家族が重い病気で入院したので、心配だ」と言ったことに対して、「それがどうして心配なの?」と不思議そうに聞き返されたときのような戸惑いである。

まるでエイリアンと会話しているように感じる。「どうして人を殺してはいけないの?」と問われたときにぐっと詰まる感じである。

性暴力と闘う仲間だと認識していた人たちから、アメリカで裁判を起こすことができなかったことを責められたり、それを理由に支援を断られたりしたら、当然、傷つくと私は思うのだが、なぜそれが傷つくことなのか、さっぱりわからないという人たちと話した後は、ひょっとしたら、私の感覚がおかしいのかしらという気持ちになる。急に不安になり、友人に電話をかけたりする。「りりすの感覚はおかしくないよ」という言葉を聞き、ようやく安心する。

フェミニストといえどもひとりひとり考えや感覚が違うということはわかる。でも、フェミニストを名乗る大勢の人たちと私のこの感覚のギャップのあまりの大きさは一体何なのと、天を仰ぎたくなる。どうしても腑におちないのである。どうしてなんだろうねえと、友人と話し合った。すると、外から見ると絶対に変だと思われることも、中にいると変だと感じないことがあるのではないかという話になった。中にいて巻き込まれているとよく見えないことが、部外者にはかえってよく見えることがあると、友人は言った。

『セクシュアル・ハラスメント』(宮淑子著、朝日文庫、新版二〇〇〇年)という本に、福岡のセクハラ裁判について書いてあるでしょう?」と、友人は、原告のプライバシーを侵害する悪意に満ちた証言をした被告側証人を原告が殴ったことに対して、支援グループや弁護団がとった対応を例に挙げた。「裁判の戦略を理由に、法廷で原告が人権侵害されるのを防ぐこともしなかったのに、殴ったことだけを取り上げて、謝罪しろと原告に迫るなんて、どう考えてもおかしいと思う。そのことを指摘したのはまったく部外者の男の弁護士だったでしょう? そういうことってあると思う」

「そうね、確かに中にいると見えないけれど、外から見ると絶対変!ということはよくあると思う」と私は答えた。「例えば、『家族』なんか、そういうことよくあるんじゃないかしら。家族の常識、世間の非常識みたいな。ある家族の中ではその『常識』が当たり前のこととしてまかり通っているけれど、傍から見ると絶対変というようなこと」

そういう会話があってからしばらくして、私は二〇年ぐらい前に読んだアメリカの新聞記事を思い出した。古いことなので詳細は覚えていないが、ある女性が子どものときから兄弟に性的虐待をされていて、ある日母親に告げるが、「そんなことはどこの家族でもよくある普通のことであり、自分も子どものとき家族からそういうことはしょっちゅうされていた」と言われ、それのどこがそんなに問題なのかと、取り合ってもらえなかったという内容であった。その母親の本当の意図や気持ちはわからないが、支援を断られたことがどうしてそんなにショックなのかさっぱりわからないというフェミニストたちの反応と、何となく共通性があるような気がする。

その母親は、とにかく娘を黙らせたかったから、ああいうことをつい言ってしまったのかもしれないし、兄弟から性的虐待を受けることが普通のことであると、本当に思っているのかもしれない。たとえ意図的にデタラメを言ったとしても、なぜ別のデタラメではなく、そのデタラメを言ったのかということもある。自分が子どものとき受けた虐待を虐待と認めたくないという心理が働いて、「家族内の性的虐待は正常なこと」という発言になったのかもしれない。自分の受けた虐待を無視したり過小評価することがこの人なりのサバイバルの方法であったので、娘に家庭内性的虐待は大問題であると指摘されたとき、自分が必死で生き残ってきたことを否定されたと感じたのかもしれない。また、この母親は、娘よりも「家族」というものを護ろうとしたのかもしれない。娘も家族の一員であるのに、そんなことはどこかに飛んでいってしまって、血の通った娘よりも「家族」という概念の方が大切になってしまっていたのかもしれない。いずれにせよ、家族内での性的虐待は問題視するようなことではないという、普通では考えられない発言をしている。

反性暴力運動も、閉ざされた家族のようなところがあって、外から見ると考えられないようなことが、内輪では正常なこととしてまかり通ってしまうのかもしれない。しかし、私の「腑におちない」という思いは拭えないままである。

選択という言葉のトリック

選択するとは、どういうことだろうか。「自分で選択したこと」という言い方はよくするが、人が選択するとき、制限なしの選択などあり得ない。通常は何かしらの制限を受けている。ところが、「選択」という言葉を使うことによって、その人が無限の選択ができるような、無限の選択肢の中から選ぶことができるような錯覚が生まれる。実際は、人が選択を迫られる場合、どれもできれば選びたくないのに、どれか選ばなければならないというような、追い込まれた状態であることが多いのではないだろうか。その上、その選択からたまたま派生したこと、いいかえれば、その選択をしなかったら起こらなかったことまで、その選択の中に含まれるような錯覚をする人もいる。

私はアメリカに留学することを選択した。それは確かに私が選択したことである。しかし、その結果として受けたセクハラは、私が選択したことではない。それなのに、留学という私が選択したことの結果としてセクハラを受けたのだからという理由で、セクハラを受けたことまで私の選択の中に含められてしまうことがある。勘弁してほしい。

「裁判を起こさないという選択をしたのはあなただ」という言い方も何度かされた。「だから私たちが支援できない責任はすべてあなたにある。文句を言うな」という意味が言外に込められているが、これもよく考えてみれば、いくつかの点でかなり変な理論である。

私の場合、裁判を起こすことはどう考えても無理なことだった。裁判は絵に描いた餅のようなもので、最初から選べない選択肢だったのだ。

たとえ、選べる選択肢だったとしても、「裁判を起こさないという選択をしたのはあなたである」と言われる筋合いはない。もし被害を受けなかったら、裁判を起こすか否かという選択は浮上さえしなかったのである。被害を受けないという選択肢が与えられなかった上での選択である。また、裁判を起こすか起こさないかは、二つのうちどちらか正解を選べば百万円がもらえるが、不正解の方を選べば何ももらえないというようなクイズ番組での選択とはまったく性質が違う。どちらを選んでも大変、という選択なのだ。

たとえて言えば、裁判を起こすかどうかという選択は、うわばみに呑まれるのに、頭から呑み込まれたいか、足から呑み込まれたいかを選ぶようなものではないか。どちらからも呑み込まれたくない、という選択肢はないのである。

感情が恐い

「学長来日事件」に関連して今回何年か振りに元STONメンバーの何人かと話してみてはっきりしたことだが、当時私の話が聞けなかったのは、私の感情に圧倒されて、相手にとってそれがつらかったということがあった。他人の強い感情を受け入れるのはなかなかエネルギーの要ることである。特に疲れているときはしんどい。それに、最近自覚するようになったのだが、私は自分が思っているよりも大分エネルギーが強い人らしい。私の強いエネルギーや感情が恐かったというのは理解できることである。

思い返してみると、「今その話はしんどいからやめようよ」という言い方で、私の話を聞きたくないことを伝えてくれた人もいた。その人とは関係が悪くならなかった。多分、ほかのメンバーもその人と同じように、私の感情が受け入れきれないと感じたのだろう。そこまでは理解できるし、相手の気持ちも考えずに私も悪かったとは思う。しかし、そのことを私に伝える代わりに、私の落ち度をあげつらって、私の話を聞かない口実にしたことで話がこじれてしまったという部分がかなりあったのではと思う。

私のエネルギーが強すぎたというのが実情だったのに、実際には、私を黙らせる目的で「あなたは癒えていない」「裁判も起こさずに泣き寝入りした」などと、私が弱いということを暗示する言葉が私に向けられたことによって、私は逆のメッセージを受け取ってしまった。私の方も余裕がなかったが、相手も同じぐらい余裕がなかったのだ。弁解させてもらえば、「私たちは皆、個人的な問題は解決した上で、社会的運動に取り組んでいる。あなたも自分の傷をまず癒してから運動に参加すべきだ」という意味のことをいろいろな人から何度も言われ、そういったことが複数のメンバーのいるところで発言されたときも、それに誰かが異議を唱えたことは一度もなかった。そういうこともあって、私は、彼女たちが私と違って余裕のある人たちだという、これまた逆のメッセージを受け取ってしまった。

私の感情が受け止められなかったというのは、充分理解できることだ。それならそうと、そのことをきちんと私に伝えてほしかったとは思うが、実際問題として感情を受け止められないこと自体は仕方のないことだ。しかし、一方で、おやっと思うこともある。それは、感情の問題を避けながら性暴力の問題に取り組むことは、果たして可能であろうかということである。

そのときどきで「感情が恐い」とか「今は感情を受け止められる状態ではない」と認識することはあって当然のことだと思うが、まったく感情を受け入れたくない、でも性暴力の問題はやりたいというのは問題だと思う。「当事者の話は感情的でつらくて聞けないが、弁護士や大学教授などの整理され、分析された客観的な話なら聞ける」ということを当時STONメンバーから言われたとき、当事者がきちんとした話ができないというのは偏見であり、それはおかしい、社会的地位の高い人の話なら聞けるというのは権威主義だと反撥を感じた。確かにそういう面もあったとは思う。しかし、今、考えてみると、当事者の話はつらくて聞けないというのは、かなりの部分、本音だったのだろうと思える。

当事者の話が聞けないのなら反性暴力運動などできない、当事者の話を聞くのがそんなにつらいのなら最初から運動などやらなければいい、と私などは思うのだが、それでも、多くのそのような女性たちが、性暴力の問題に関心を持ち、灯に虫が集まるように、反性暴力運動に吸い寄せられてしまうのだ。

『くらしと教育をつなぐWe』の一九九六年二・三月号に掲載された座談会「ルサンチマンで何が悪い」で、私の友人で、『生きる勇気と癒す力』を二見れい子さんと共に翻訳した原美奈子さんが、「性の問題、暴力の問題を扱って、なおかつ感情を回避しようというアクロバット的なことをやりたいといってもムリ」と言っているが、そのとおりだと思う。STONに限らず、性暴力問題に関わる大半の人たちがそういう「アクロバット的」なことをやろうとしていると感じる。原さんは「アクロバット的」という表現を使ったが、私流の言い方でいえば、STONは、オムレツを作る目的で集まったのだけれど、どうしても卵の殻は割りたくないというメンバーで構成された、オムレツ研究会のような団体だったなあとつくづく思う。

そういう成立不可能な条件を無理に満たそうとするしわ寄せが、結局はサバイバーのところへきていると私は見ている。サバイバーを血の通った人間として扱うことは、自分の感情が揺らぐことになるのでつらいのだ。それで、単なる情報源として、または分析や救済の対象として扱うことになる。女性学、統計の数字、裁判、専門知識によって、整理分析された情報などに「加工」されたサバイバーならようやく受け入れられるが、生サバイバーはつらくてとても受け入れられないというところであろう。

本来、フェミニストになるということは、そう名乗るかどうかは別として、自分の抱える個人的な生きづらさや痛みは自分が女であることに関係しているということと、それが自分一人に留まる問題ではなく、もっと普遍的なものだということに気づくことではないかと思う。自分の痛みが、実は他の女の痛みにもつながっているのだと実感した先に、理論化が始まるのだと思う。ところが、そういった個人の感情に関わることと理論化が、いわば本末転倒した形で、運動の中に現われる場面に遭遇し、唖然とすることがある。

かなり前の話だが、ミスコン反対運動の集まりで、何回も顔の整形手術をした女の人の話が出たことがあった。その人がテレビのインタビューで「なぜそんなに何度も手術を受けたのですか?」という質問に答えて、「子どもの頃からみんなに顔のことをからかわれてつらかった。だから世の中に復讐をしてやりたかった」と言ったというのだ。それを聞いて、切ない気持ちになり、私は思わず涙をこぼしてしまった。すると、側にいたフェミオバ（私より若かったけれどフェミオバで充分だ）に「りりすさんはまだ癒えていないのね」と言われ、もっと冷静に物事が見られるようにならないとだめだと、お説教を垂れられてしまった。「ミスコンは性の商品化だ」というような理論を展開することだけがフェミニズムで、性の商品化によって傷つけられた他の女の痛みに共感することなど、フェミニズムにとって邪魔だと言わんばかりだった。周りにいたフェミオバたちもそれに同意して頷き、大変不愉快だった。

個人的痛みや感情を、理論と相対するもの、または理論よりも劣ったものとする、このような態度には、感情に対する恐れが見え隠れしているような気がする。感情が受け入れられないというのは、実は過剰に感情的になっている状態なのだと思う。そして、「フェミニズム」の名の下に、理論や分析や客観が、他の女の痛みにつながる自分の痛みを解明するための手段としてではなく、むしろ、そういった痛みに蓋をするための方便として使われていると感じることも多い。そうやって、感情が排斥されていった結果、理論が、最終的によりどころとするものをなくし、言葉のみに頼った理論のための理論として一人歩きを始め、それがサバイバーに限らず、他の女に対する共感の欠如につながっているような気がする。

日本の観客

カリフォルニア大学で演劇の修士を取った私は、その後サンフランシスコへ移り、一年間の演劇活動をした。そのときの経験、日本へ帰ってからの経験、ほかから伝え聞いたことなどから、アメリカの観客と日本の観客の反応は、本質的にかなり異なるという印象を持っている。

アメリカの観客は、目の前で演じられているものがおもしろければ反応する。演じているのが無名の新人であっても、問題にするのはそのパフォーマンスが良いか悪いかだけなのである。良いと思えば、無名であろうが何であろうが、惜しみない拍手をおくる。反面、どんなに名の通ったベテラン俳優でもおもしろくなければ反応は低いし、へたをすればブーイングの嵐である。もちろん、アメリカでも、観客がおもしろいと期待するから実際以上におもしろく感じるということがないことはない。しかし、本当におもしろくないとわかれば、どんなに名優といわれている俳優にも容赦ないというところが、アメリカの観客である。

日本の観客は、アメリカの観客と比べて概しておとなしいということ以外に、その反応の仕方にある特徴がある。アメリカの観客がどんなパフォーマンスが行われているかについて反応するのに対して、日本の観客は誰が演じているかについて反応する傾向がある。無名の新人であれば、まず顔と名前を覚えてもらわないとなかなか受けないというところがある。その上で、この人の演技は良いということが観客にわかれば受ける。その代わり、良いという評価が一度確立してしまえば、後はわりと楽である。つまり、日本の観客は、現在舞台で演じられているものに反応するよりは、この人は良い演技を見せてくれるだろうという自らの期待感や安心感に対して反応している部分が大きい。

そして、この日本の観客の傾向は、そのまま日本のフェミ業界に当てはまるということに最近気がついた。もちろん、アメリカの観客の性質、日本の観客の性質、というようにはっきり二分化はできないし、日本のフェミニストが一様だといっているわけではない。

しかし、一般的な印象として、両国の観客の反応に何となくそのような傾向の違いがあることは確かだと思うし、日本の観客の公演に対する反応と、日本のフェミニストの講演に対する反応には、共通性があると感じる。私の感じていることは、もしかしたら、観客とかフェミニストに限ったことではなく、一般的に日本人にありがちな反応といってしまってもいいのかもしれない。

ある発言がなされた場合、日本のフェミ業界の「観客」たちは、発言の内容そのものに反応するよりは、誰が発言しているかに反応する。発言している人が無名であったり誰かわからない状態では反応は低い。その人がフェミニストであることが確認でき、「フェミニズム的な正しい意見」を言ってくれるだろうという期待感があったときに、初めて肯定的な大きな反応が返ってくる。内容そのものよりも自らの「期待感」に反応している部分が大きい。いいかえれば、弁護士や大学教授などの社会的地位の高い女性が何かフェミっぽいことを言いさえすれば、内容の如何にかかわらず受けるのである。

それについて、私は権威主義だと批判してきたが、いくら社会的地位が高くても、フェミニストではない男権主義的と評価された女性の権威には屈しないのであるから、世間一般にいわれているところの「権威主義」とはちょっと違うところがある。「権威主義」で片づけるよりも、パフォーマンスに対する日本の観客の反応の仕方そのものであるという説明の方が的を射ていると思う。

私が日本のフェミ業界に向かって何か言っても無視されるが、社会的地位のあるフェミニストが同じことを言うと受け入れられる。それについて、多くのフェミニストが、それは私の伝え方が悪いからだと批判してきた。しかし、それは果たして本当だろうかと疑問に感じる。

なぜなら、私は海外の国際会議に出席し、そこで意見を英語で述べるという機会が何度かあったが、その際、無視されたことは一度もなかった。無視されるどころか、私の発言は、常に大きな肯定的反応を引き起こしている。現地の新聞に取り上げられたこともある。日本でのようにまったく伝わらなかったという経験は一度もない。私は英語が話せるが、英語は私にとって外国語である。それなのに、なぜ、日本で日本語で話すより海外で英語で話す方が格段に言いたいことが伝わるのだろうか。それは、私の英語が日本語より上手であるからではなく、やはり受け手の側の問題ではないだろうか。海外のフェミニストが、話し手が何を話しているかに注目するのに対して、日本のフェミニストは、誰が話しているかに注目するという傾向があることを示しているのではないだろうか。

対岸のサバイバー

虐待の問題に興味はあるが感情を揺さぶられるのはいやだ、という人は多いようである。女性や子どもへの虐待に対する取り組みの動向を見ると、人々の中に、暴力や虐待を自分たちに影響を与えることのないものと位置づけたい、自分たちとは隔離された位置にサバイバーを置いておきたい、という無意識の願望があり、それを満たす問題の捉え方や扱い方が、フェミ業界に限らず世間一般に受けているということがわかる。

例えば、「虐待の連鎖」ということが最近よくいわれる。子どもの頃に虐待を受けた人が親になったとき、自分の子どもに虐待を繰り返すというあれである。そういった論に対して、実は当事者からかなりの反撥がある。当事者といっても一枚岩ではないのだから、皆が同じことをいうわけではないが、例えば、子どもを虐待する親の七割が子どもの頃その親から虐待を受けていたなどというデータを根拠に、虐待された子どもの七割が虐待する親になるなどという論を展開する専門家に対して、そのデータは正確か、とか、そのデータがたとえ正確だとしても、残りの三割はどうなんだ、とか、そのデータは、たまたま調査の対象となった「虐待する親」の七割が子ども時代に虐待を受けたということを示しているにすぎず、「虐待する親」の子どもの七割が将来親になったときにそのまた子どもを虐待するようになることは示していないのではないか等の反論がある。ただし、当事者の反論が表に出ることはほとんどない。

子ども時代に家族内で虐待を受けた当事者にとっては、「虐待の連鎖理論」を用いられることは、自分が「虐待の起きる家族」という檻の中に閉じ込められ、他人に上の方からあれこれいわれることなので、不快感を感じる。その上、これは、「お前は親になったときに自分の子どもを虐待するようになる」またはその可能性が高いといわれるのに等しいことであるから、不安や不快感を感じても無理からぬことである。

専門家が頻繁に言及し、マスコミが好んで取り上げるこの「虐待の連鎖」に対し、私の知るかぎり、多くの当事者が「虐待の連鎖」の存在自体も否定するような拒否反応を示しているように見える。私個人の意見としては、「虐待の連鎖」は存在すると思う。しかし、その提示のされ方、取り上げられ方に問題がある。

まず、「虐待の連鎖」というときに、まるで虐待が親子間でしか連鎖しないかのような前提や暗示がある。虐待の連鎖を親子間に限ることは、虐待を特定の家族にのみ起きることと限定することである。その上、親から虐待を受けた子どもの「多くが」とか「大半が」とか、「七割が」という言い方をした場合、「多く」「大半」「七割」の中に含まれない人には注目がいかないことになっている。「虐待を受けても虐待者にならない人」や「虐待を受けなかったのに虐待者になる人」はどこかに消えてしまう。一般的にいって、具体的数字が挙げられる場合、過半数を超えれば少数派がまるでいないような錯覚が起きるようである。

しかし、実際は、親から虐待を受けても自分は子どもを虐待をしない人もいれば、自分は虐待を受けていなくても子どもを虐待する親もいる（何を虐待と定義するかの問題もあるのだが）。そもそも虐待は親子間のみにおいて連鎖するものではない。社会のいろいろな局面で「虐待の連鎖」は複雑に絡み合って存在する。誰も「虐待の連鎖」から逃れることはできない。「虐待の連鎖」を解説する専門家たちも、現実には「虐待の連鎖」の真只中にいるのである。

フェミ業界において、専門家と呼ばれる人たちや支援者たちの多くが、サバイバーは感情的だ、論理的でない、客観的でないなどといって、サバイバーを管理しようとするのも、今まで「男社会」からやられてきたことに対する「虐待の連鎖」の一例だと私は考える。

人が虐待の問題に関心を持つのは、自分がそれに無関係ではないからである。しかし、自分は無関係だと装いたい、自分を虐待と無関係な安全な場所に置いてなおかつ虐待の問題に関わりたいという人にとっては、虐待が家族間のみで連鎖することが曖昧に前提となった「虐待の連鎖理論」は、虐待を自分には関係のない「虐待の起きる特殊な家族」に閉じ込めることができ、大変都合がいいのである。マスコミが「虐待の連鎖」を書き立てると、これが「虐待を受けた人」への偏見につながる可能性に気づく人もほとんどいないいま、信憑性のある言説として一般に受け入れられることになる。

同様のことが「裁判」というテーマでも起きている。いろいろな意味で性的に傷つけられることは、日常誰でも経験することである。「裁判」は、そういった日常の個々の性的傷から目を逸らさせてくれる。日常感じている性的傷を「裁判」という社会的なものに囲い込み、閉じ込めることができるのである。マスコミも、「裁判を起こした勇気ある被害者」などと書き立て、裁判を起こすことが性暴力と闘うための正しい方法であるという認識を一般に広めている。その結果、裁判を起こさない人を勇気がないと切り捨てたり、裁判のためには被害者の都合など二の次にすることに正当性を与えてしまった。

そして、現在、社会正義を追求するあまり被害者を蔑ろにしてきた結果、被害者が反撥し、支援者被害者間の軋轢がようやく無視できないほどになってきたことへの反省からか、「心のケア」ということが盛んにいわれるようになった。しかし、これも目に見えるわかりやすい被害を受けた人の「心のケア」であって、自分自身の心のケアとは無関係である。むしろ、自分自身の心の傷を見ないようにするための方便として「被害者の心のケア」を使っているという印象を受ける。被害者に対する共感とは程遠いものである。

「虐待の連鎖」や「裁判」の場合と同じように、マスコミの書き立てる「被害者の心のケア」は、暴力や虐待の問題に関心を持ちながらあくまでもサバイバーを自分に影響が及ばないところへ置いておきたいという大勢の人のニーズを満たすのである。その結果、被害者に「傷ついた人」「癒えていない人」というレッテルを貼りつけた上で「心のケア」という檻の中に閉じ込め、「癒えろ、癒えろ」と暴力的な「癒し」を強要する風潮が助長されていくのではないかと、私は懸念している。これが本当の癒えろージャーナリズム、なあんちゃって。

他助グループの罠

「自助」「互助」「他助」

「当たり前」と思われていることには名前がないことがある。「当たり前」と思われている状態や形態は、それがあるもののバリエーションの一つであるという認識さえされないことがある。それが認識されるのは、まず「当たり前」でない状態や形態が認識されてのちのことである。例を挙げれば、「同性愛」という概念が認識されて初めて「異性愛」という概念が認識されたり、「共稼ぎ」が珍しくなくなってきて初めて「片稼ぎ」という言葉が出てきたりということがある。

自助グループの活動の中で、「他助グループ」という言葉が使われはじめたとき、「ああ、うまい言い方だ」と思った。性暴力問題に取り組む団体の中で、自助グループだけがそのバリエーションとして「自助グループ」と識別されており、それでは自助グループ以外のそういった団体は一体何なんだというと、「他助グループ」だったわけである。

今から考えれば、SТОNに限ったことではなく、私を受け入れなかった反性暴力団体は、すべて純粋な意味での「他助グループ」だったのだ。そういった運動に参加する人たちは、大半が「他助活動」をすることのみを目的に集まってきており、そうでない人がたとえいたとしても、多勢に無勢で巻き込まれてしまったりはじき出されてしまったりしたのではないかと思われる。運動から「自助」や「互助」の要素が一掃されてしまったのだ。その結果、「反性暴力運動イコール他助活動」になってしまったわけである。なぜ自助的要素がそんなに簡単に排除されてしまったのかというと、特に日本では、自分のために何かをすることは悪いことあるいは低級なことで、他人のために何かをすることは良いことあるいは高級なことと思われていることもあると思う。

私は、最初に反性暴力運動に参加したときから、フェミ業界でよくいわれる「個人的なことは政治的なこと」という言葉を文字どおり受け取り、言語化こそしなかったが、フェミニストたちの集まるフェミニズムに基づいた反性暴力運動とは、同時に「他助」でも

「自助」でも「互助」でもある活動に違いないと何の疑いもなく思い込んでいた。「他助活動」のみを行うことを目的に集まってきた圧倒的多数の人たちと私との間の反性暴力運動に対する大きな認識のズレは、そういったところにあったのだと思われる。

「自助」や「互助」が「他助」とはまったく別物であるという共通認識の上に「他助活動」を行う目的で集まった集団に、「自助」や「互助」を求めた私は、彼女たちにしてみれば、かなり場違いな存在だったのである。「私たちは社会へ向けた運動をするためのグループで、メンバーの個人的な話は聞けない」「私たちはメンバーの個人的な心の傷を癒すためのグループではない」「まず自分の心の傷を癒してから運動に参加すべきだ」という彼女たちの私への言葉は、自分でない誰かを支援することのみに活動を限定している集団の中へ当事者が仲間として入ってきたことへの戸惑いを表している。

役割の固定化

私は、支援をする側と受ける側の立場は流動的なものだと認識していた。支援をする側が、あるときは支援をしてもらったり、支援を受けた側が、今度は支援したりということも当然起こり得ることだと考えていた。また、支援をしながら同時に支援を受けることもあり得ると思っていた。しかし、実際は、圧倒的多数の他助グループの人たちが、支援をすることと支援を受けることの間にはっきりとした境界線を引き、しかもその立場を固定的なものであると認識しているらしいことがわかった。つまり、未来永劫、支援をする側は支援をする側にいて、支援を受ける側は支援を受ける側にいるものだと考えているようなのである。

何年も前に国際会議でフィリピンのマニラに行ったとき、女性への支援活動で、支援を受けた女性が今度はその団体のスタッフになって支援活動に参加するということが普通にあるということを聞き、日本ではそういう話は聞かないなあと思った。こういうことを書くと、例外的な事例を挙げて反論する人が出てくることが予測されるが、やはりそれは日本では例外的なことだろうと思う。例外的なグループもあるだろうとは思うが、一般的には、一旦支援を受けた人や自分が被害の当事者であることを明らかにした人は支援活動をしづらいという雰囲気が運動の中にある。「支援者」の立場で活動をする人は、「被害者」の立場の人が支援者側に越境することについて、「男の職場」に女が進出してくることに抵抗する男のような拒否反応を典型的に示す。性別役割分業ならぬ「立場別役割分業」に固執するのである。

私は、「当事者の話はつらくて聞けない」という理由で私の話が聞けない人たちが、ボランティア組織などで、女性の相談を受ける相談員になったりしていることに疑問を感じていたが、それは、「対等な立場では当事者の話は聞けない」ということであり、「相談員」という、当事者を管理できる安全な立場に身を置くことができるのならば、聞くことができるということだったのであろう。

その程度の被害では支援できない

誰が支援をする側になり、誰が支援を受ける側になるかということについては、もう一つ別の見方もある。自助グループや、複数の被害者が参加する集まりなどにおいて、被害の「軽い」人が支援をする側になり、被害の「重い」人が支援を受ける側になるというように、グループの中にそういった役割分担ができてしまうことがある。被害の「軽い」人は、自分のニーズを差し置いても、より被害の「重い」人の世話をしなければならないような気持ちになってしまい、その役割が固定してしまうのである。その結果、特にそのグループが継続的に活動をしている場合は、いつも自分の欲求を抑え他のメンバーの世話をする役目のメンバーが疲弊してしまい、グループの運営が好ましくない状態になるということもある。

「被害の『軽い』人が『重い』人の支援をするべき」というのは、いろいろな面で落とし穴がある。被害の「軽い」人のニーズが無視されてしまうことも問題だが、そもそも被害をランク付けする発想自体が危険である。しかし、この原則は、自助グループに限らず、一般的にもあまり疑問を持たれずに受け入れられている。そして、これによって引き起こされる状況は、誰がどんな被害を受けたかをお互いに明らかにした関係の中でさえ、充分ヤヤコシイものであるが、他助グループではもっとヤヤコシクなる。

なぜなら、他助活動では、前にも述べたとおり、支援者と被支援者の間には越してはならない境界線があり、いいかえれば、支援者であるメンバー個人の受けた被害は表面上はなかったことになっているからだ。ところが、実際は、誰でも多かれ少なかれ何らかの被害を受けているわけで、まったく何もなければ、こういった運動には最初から参加しないだろう。

つまり、彼女たちは、実際は何らかの被害を受けているのにもかかわらず、今までの彼女たちとのやりとりから推測するに「周りで見聞きしたことはあるが、私自身は被害を受けていない」「私が受けた被害は大したものではない」「私はもう既に被害を乗り越えた」

などの口実を設けて、自分自身の当事者性を否定した上で支援者を自任しているのである。そして、それは、自らは支援を受けることなく他人に対して支援するばかりであることを意味する。

そんな彼女たちのところへ、サバイバーを名乗る人が現われ、自分が受けた被害について話したら、そして、もしそれが彼女たち自身の受けた被害と比べて大したものでないと彼女たちが感じるものだったとしたらどうだろうか。反性暴力を唱える多くのフェミニストたちが私を受け入れなかったのは、この辺にも原因があったと私は見ている。

たとえ支援を受ける側の被害が自分たちと比べて「軽い」ものだったとしても、もし、自分も支援してもらえる可能性があれば、支援してもよいという気持ちになるだろうが、自らは支援を決して受けない支援者と自己規定してしまった以上、自分は支援は受けられないと思っている。支援をするばかりでは疲弊してしまう。支援を受ける側にいろいろ注文をつけたくなるのも気持ちとしては当然だろう。「私は支援を受けられないのに、私と同じような被害や私より軽い被害を受けた人をなぜ私が支援しなければならないのか」と思っても不思議はない。そして、「その程度の被害」で支援を要請してくる人に対して、恨みがましい感情が湧いたりもするのだろう。

例えば、「裁判でも起こしたというなら話は別だけれど、この程度の被害だったら支援したくない。この程度の被害で、しかも裁判を起こしていなくても支援してもらえるんなら、私だって支援してもらいたいわよ。私だって大変なんだから。ふざけんじゃないわよ。甘えるんじゃないわよ」というように。

学長への抗議の応援を断ったのも、その理由として「裁判を起こさなかったから」を挙げたのも、理屈としては友人の指摘したとおり「不自然」であるが、その背景を考慮に入れれば、気持ちとしては「不自然」ではない。彼女たちに支援してもらうには、私は、もっとひどい被害を受けているか、裁判を起こしているかしていなければならなかったのだ。

身近な話はつらくて聞けない

私は、「当事者の話はつらくて聞けない」という人たちが、なぜ元「従軍慰安婦」の話なら聞けるのかと、長い間不思議でたまらなかった。私は、「つらい内容の話はつらくて聞けない」と解釈していたので、それがどうしても理解できなかったのだが、実はそうではなくて、「身近な話はつらくて聞けない」だったのだ。身近な話は自分の当事者性を思い起こさせられることなので聞きたくない。誰かが自分が受けたのと同じような被害について話すのなら、自分も話したいが、話せば支援者から当事者に「降格」しなければならない。自分は支援者なので自分が話を聞いてもらうわけにはいかない。それで、話をしようとする当事者を「私だって我慢しているのに」と攻撃したくなるのだ。しかし、自分からうんとかけ離れたうんと悲惨な被害についてであれば聞けるということなのだろう。

また、私は、彼女たちが、一方では、当事者が発言することを阻止しながら、一方では、「被害を受けた人は勇気を出してカムアウトして下さい」などという呼びかけを行うことについても当惑せざるを得なかった。これも、表に出た言葉だけを解釈すれば、矛盾としかいいようがないが、彼女たちの意味するところを汲み取って正確にホンヤクすれば、「私たちが受けたことのないようなうんとひどい被害を受けた人は、勇気を出してカムアウトして下さい」であり、そう解釈すれば、その言動は矛盾しているわけではない。身近な「軽い」被害を受けた人、カムアウトした場合のリスクが少ない人、つまりはカムアウトしやすい状況の人にはカムアウトしてほしくないが、とてもカムアウトできないようなひどい状況の人にはカムアウトしてほしいということなのである。

カムアウトするしないは本人が決めることであるし、実際問題として、カムアウトしにくい人よりもしやすい人がカムアウトする結果になるのがまあ普通の成り行きだろう。ところが、カムアウトしやすい人の話は聞きたくないので、そういう人がカムアウトしてくると、その人の欠点をあげつらって、黙らせようとする。反面、カムアウトがしにくい状況の人に対しては、「勇気を出して」と、カムアウトをしないのはその人に勇気がないからだとばかりにカムアウトの強制をする。

他助グループとの今後の関わり

なぜこのようなヤヤコシイことになってしまったのかといえば、私には、彼女たちが自分の当事者性を否定してしまったことで袋小路に追い込まれてしまったのだと思えてならない。自らの当事者性を否定しながら反性暴力運動をしていけば、目の前の身近な問題は無視し、この世のどこかにあるかもしれないひどい被害に取り組むしかないことになる。もし、ある人を支援することになったとしても、自分は与えるばかりだと思えば、恨みの感情が生まれる。自分のした支援活動について何らかの方法で元を取ろうという心理が働く。自分が支援している被害者をコントロールしたくなる。その被害者が自分の思いどおりにならないと腹が立つ。支援の仕方に注文でもつけられようものなら、「こんなに大変な思いをして、一生懸命やっているのに」と、全存在を否定されたように感じる。注文をしてきた相手が専門家であれば、プライドが傷つかないが、相手がそうでない人であれば、「こんなに良いことをしている私たちを批判するなんて悪い人に決まっている」と、ますます聞く耳を持たない。

私は、反性暴力運動が社会に向けてやってきたことを否定しているわけではないし、性暴力に対する社会の認識を変え、法律を変える動きを作ったことはもちろん評価している。しかし、その過程で起きたことを考えると、とても今後連携して何かをする気は起きない。これはとてももったいないことだと思う。だが、私の方はもう充分働きかけをしたのだから もうこれ以上できることはない。できるとすれば、せいぜい他助グループに関わる話の通じる個人とつながることぐらいである。

言ってはいけない

大学の女性学の授業で、ある教員が、レイプされた女性が加害者と裁判で争う経過を描いた映画を学生に見せ、それをもとにグループディスカッションをし、意見を発表させ、感想をレポートで提出させたそうである。その際「もし、自分が彼女の立場なら、事件の後どのように行動するだろう」と問いかけをしたというのだが、これは絶対にしてはいけない問いかけである。

なぜなら、講義を受ける学生の中に被害を受けた学生がいないという保証はどこにもないからである。そして、そのような学生がいたとすれば、被害を受けても告訴をするのは通常は無理というのが現状なのであるから、その学生は「泣き寝入り」をしている可能性が著しく高いはずであり、もちろん、そのことはまず表明できないであろう。

そういう状況で、「あなたならどうしますか？」と問いかけられたら、実際に被害を受けたことがあり、それに対して「何もできなかった」学生はどう感じるだろうか。ある学生にとっては仮定の話でも、ある学生にとっては現実の話かもしれないのである。

しかも、この教員は、学生に自由に意見を述べさせているように装いながら、性犯罪に対して「届け出」や「告訴」をすることが正しいことであるという「正解」を前提として講義を進めたのである。「何もしない」と答えた学生については否定的なコメントをし、「告訴する」と明言した学生については肯定的コメントをしているので、たとえ、「告訴」することが正しくて「泣き寝入り」をすることはいけないことだとははっきりとは言わなくても、そのメッセージは少なくとも必ず学生に伝わったはずである。

このような場合、優等生タイプの学生は、教員の求めている回答をするだろう。こう答えておけば先生の覚えがめでたくなるからというちゃっかり派だけではなく、周りから求められているものを内面化し、頭の中だけで納得した正義感に燃えて「私は絶対に泣き寝入りをしません」とか「私だったら勇気を出して告訴します」などと自信たっぷりに言い放つ「いい子ちゃん」も出てくる可能性は高い。そして、そういった回答が講義の中で好ましい回答として扱われるであろうことは想像に難くない。被害を受けて誰にも言えなかった学生がその場にいればどんな気持ちがするか、どんなに傷つくか、考えてほしい。それ自体大変に暴力的な状況である。

化けられない子はどうする

『平成狸合戦ぽんぽこ』（一九九四年）というアニメ映画の中に「化けられない子はどうする」という台詞がある。もともと狸が住んでいた土地を人間が開発し、狸は自分たちの住処を守ろうと人間たちと闘うのだが敗北し、これからは人間に化けて人間として暮らすしかないということになる。ところが、狸の中には化けることのできる狸と化けることのできない狸がいる。そこで、「化けられない子はどうする」という台詞が出てくるわけである。

その台詞で私は思わず涙をこぼしてしまった。「やさしいなあ」と思ってしまったのだ。化けられない子をダメな子として切り捨てるのではなく、ただ、化けられない子はこれからどうやっていったらいいのかと、心を砕いている。私が九〇年代の前半に出会ったフェミニストたちにあの半分のやさしさがあったら、私はあんなに傷つかなかったのにと思ったら、涙が出た。もし、あの人たちが、アニメに出てくる狸たちだったら、「頑張れば化けられるようになるはず」とか「化けられないのは努力が足りないから」とか「化けられない子に発言の資格はない」とか言って、人間に化けて人間として暮らすというのが、唯一の解決法として狸の例会で議決されてしまうのではないか。

「反性暴力業界」では、性暴力と闘う方法として、「勇気を出して訴えましょう」とか「勇気を出して裁判を起こして下さい」ということが声高に叫ばれ、そういったことができる人たちの勇気は讃えられるが、できない人たちは蔑ろにされている。できないのはできない人が努力しないからだとか、できない人に勇気がないからだということで片づけられてしまう。「訴えられない子はどうする」という声はどこからも聞こえてこないのである。

順位温存型社会運動

あるところに、大変性差別的な企業がありました。どんなに女性が優秀でも、男性より出世することはあり得ませんでした。しかし、採用に関しては差別的ではなく、男女半々に採用したのです。あるとき、男性と女性が五人ずつ、合計一〇人採用されました。そして、入社した社員には、その成績に応じて順位がつけられました。この企業は大変性差別的な企業だったので、一位から五位までの順位をつけられたのは全員男性でした。つまり、女性がどんなに優秀でも最高で六位の順位しかつけられなかったのです。

六位の順位をつけられた女性は、もし、性差別がなかったら、一位になっている女性でした。それで、そのことを大変悔しいと思いました。そこで、性差別を撤廃するための運動を始めました。その甲斐あって、その企業から性差別がなくなり、その女性は、晴れて第一位の社員になりました。

しかし、この企業は、人種差別的な企業でもありました。つまり、どんなに優秀でも有色人種であれば白人より上の順位をつけられることはなかったのです。そこで、人種差別を撤廃する運動が始められ、人種差別がなくなりました。

その結果、白人である彼女より優秀な有色人種の社員が一名いたので、彼女の順位は二位になりました。

しばらくすると、この企業は、障害者を差別していることが明らかになりました。そこで、障害者差別を撤廃する運動が始められ、障害者差別がなくなりました。

その結果、健常者である彼女より優秀な障害者の社員が一名いたので、彼女の順位は三位になりました。

しばらくすると、この企業は、同性愛者を差別していることが明らかになりました。そこで、同性愛者差別を撤廃する運動が始められ、同性愛者差別がなくなりました。

その結果、異性愛者である彼女より優秀な同性愛者の社員が一名いたので、彼女の順位は四位になりました。

しばらくすると、この企業は、太っている人を差別していることが明らかになりました。

そこで、肥満者差別を撤廃する運動が始められ、肥満者差別がなくなりました。

その結果、スリムな彼女より優秀な太っている社員が一名いたので、彼女の順位は五位になりました。

しばらくすると、この企業は、年配の女性を差別していることが明らかになりました。

そこで、年配の女性に対する差別を撤廃する運動が始められ、年配女性に対する差別がなくなりました。

その結果、若い彼女より優秀な年配女性の社員が一名いたので、彼女の順位はとうとう六位になってしまいました。

おしまい。

市民運動の正義

ある小学校のある学級に学級文庫があったとする。担任の先生は「みんなの本を汚さないようにしましょう」と言う。子どもたちも「みんなの本を汚すことはいけないことだ」と認識する。しかし、ある一人の子どもの家庭は大変に貧しく、家も狭く、幼い妹や弟たちが大勢いて、本を借りて帰ると、汚したくなくてもどうしても本が汚れてしまう。そこで、その学級の子どもなら誰でも借りられる学級文庫の本を、その子だけは借りることができないという決まりにしようと、学級会で話し合われる。自分だけ本を借りることができないと言われた子どもは、そのことが不当だと抗議する。しかし、ほかの子どもたちはその抗議に耳を傾けない。「みんなの本を汚すことはいけないことだと思います」「本を汚すのだから借りられなくても仕方ないと思います」と子どもたちは口々に言う。だって、本を汚さないことは正義なのだから、本を汚す子を責めることは正しいことなのだ、と子どもたちは思う。本を汚したくなくてもどうしても汚れてしまう家庭環境もあるということや、本を汚さないという正義が、特定の個人から本を借りる権利を剥奪してまで守るべき正義かということには考えが及ばない。責められた子どもはついカッとなって手が出てしまうかもしれない。すると、「暴力を振るってはいけない」というもう一つの正義があるわけであるから、それは、その子を責める正当性をさらに子どもたちに与えてしまう。

そのようにして、学級会でのつるし上げは、エスカレートしていく。誰にもその子を集団でいじめているという認識はない。それどころか、自分たちは正義を行っているのだと思い込んでいる。子どもたちの顔は、正義を全うしているのだという喜びで輝いている。恐らくは、子どもたちの内なる攻撃性が、「正義」という口実を得て、噴出しているにすぎないのであるが、誰もそのことに気がつかない。「正義」の名を借りた集団いじめは、このように発生する。「市民運動の正義」の落とし穴である。

この勇気、誰のもの

自分の受けたセクハラを題材にした一人芝居『私は生き残った』を九八年から演じている。芝居を観た感想の中に「りりすさんの勇気に感動しました」というのが結構ある。こういう感想を伝えてくれた人は、多分私の芝居を観て、そう心に感じてくれたのだろうと思う。それ自体は嬉しいことではあるが、同時に「ちょっと待てよ」と不安な気持ちにもなる。その人個人が私の芝居を観てそう感じたということには何も問題はない。しかし、「被害者であることを明らかにしたから勇気がある」というように、「カムアウト 即 勇気」とパターン化されてしまうかもしれない危険性を感じてしまうのである。

この一人芝居をつくる前は、セクハラ裁判を起こす人の勇気が讃えられた結果、裁判を起こさなかった私は、「勇気のない人」といわれていた。ところが、『私は生き残った』を演じるようになってから、私は一転して「勇気のある人」と呼ばれるようになった。

これは、裁判を起こしたかどうかという基準に加えて、被害を受けたことをカムアウトしたかどうかという基準も最近新たに考慮に入れられるようになったがために、「勇気のない人」から「勇気のある人」にめでたく昇格したということであり、私は晴れて勇気が認められたことをありがたがるよう期待されているのかもしれないが、私はそんなことのために苦労してこの芝居をつくったのではないぞと思う。

反性暴力が語られるとき、必ずといっていいほど、「勇気を出して」というフレーズが出てくる。「誰が勇気を出すのか」というと、加害者や傍観者ではなく、いつも被害者なのである。そして、「被害者がするべきこと」の前に枕詞のように「勇気を出して」という言葉がくっついてくる。そのたびに私はいやな気持ちになる。性暴力をなくすために本当に被害者が何かをしなくてはならないのか、誰がそれを決めるのか、そういうことに対してほとんどの人が疑問を感じないように見える。

『くらしと教育をつなぐＷｅ』一九九九年七月号の「キャンパスセクハラ対策の落とし穴」にも、被害者のみに「勇気を出して」と訴える高知大学のセクハラ防止パンフレットに関して、「勇気を出すのは誰か」を問う文章を書いたが、そのパンフレットが出たときも、「日本では画期的なパンフレット」と歓迎する向きが多かった。

ちょっと前の話だが、あるグループが、世の中から性暴力をなくすための情報を流す目的で、ホームページを立ち上げた。そして、それに関連する情報を当事者の同意を得ずに勝手にホームページに載せた。そのホームページには、「プライバシーが侵害されるなどの弊害もあるかもしれないが、それに配慮していては私たちの運動自体が成り立たない」ということも書いてあったという。そして、「必要な情報が必要な人に届くためには、多少の犠牲は致し方ない」ということも明記されていたということである。この善意の人たちは、「性暴力をなくすために必要な犠牲が一体誰の犠牲なのか」ということに考えが及んでいない。そして、自分は高みに立って、自分以外の誰が性暴力をなくすための犠牲になるべきか、自分に決定できる資格があると思い込んでいる。これは驚くべき傲慢さである。このホームページの件について聞いた大抵の人は、ひどいと言う。

では、被害者に対して「勇気を出して」と呼びかけることは傲慢ではないのか。「反性暴力業界」は「勇気を出して」の花盛りであるが、多くの人はこちらについてはひどいという感想を持たないようである。

しかし、「誰が犠牲になるのか」ということに無頓着なまま、自分以外の誰かに「犠牲になれ」というのと、「誰が勇気を出すのか」ということに無頓着なまま、自分以外の誰かに「勇気を出せ」というのと、その傲慢さにおいて違いはない。性暴力を受けた人が、性暴力をなくすために「犠牲になれ」と強要されることが不当なら、「勇気を出せ」と強要されることも同じように不当である。当事者には、性暴力をなくすという目的のために、犠牲になったり、勇気を出したりする義務はない。また、性暴力の専門家と呼ばれる人たちにも、当事者たちにそのような「義務」を課す権利はない。

私の人生は私のものである。私はたまたま被害に遭ったにすぎないのに、私がそれについて何をするかについて、他人からどうこういわれたくない。私の勇気は私のものなのである。

「強い」あるいは「弱い」ということについて

セクハラを受けても裁判を起こさなかったという理由で、私は「泣き寝入りをした弱い人」といわれた。そのことを一人芝居にし、あちこちで上演するようになると、「自らの被害経験を一人芝居にしカムアウトしている強い人」といわれるようになった。弱いといわれたり強いといわれたり、忙しいこっちゃ。

「強い」「弱い」と一口にいっても、それにはいろいろな意味合いがある。それがどうもごっちゃに使われているような気がする。例えば、「被害者は弱者だ」という場合は、その人個人が本質的に弱いという意味ではなくて（仮にその人個人が弱かったにしても、「大きなお世話だ、放っといてくれ」という気はするが）、その人の立場が弱いという意味で、加害者はそこにつけ込んでセクハラなどの人権侵害を行うわけである。そういう意味で、被害者である自分を「弱者」と定義していると、いつの間にか、反性暴力運動家たちから、「何もできない弱い無能力者」(たとえそうだとしても、大きなお世話だ、放っといてくれ)のレッテルをベッタリと貼られていたりする。しかもそれを「あなたは裁判も起こせない弱い人なのだから、運動に口を出すな」と、私の発言を阻止する口実に使う。抗議すると、「だって、自分で自分のことを弱者だって言ったではないか」とくる。違うっつうに。

大勢の人が、その人個人の弱さとその人の置かれている立場の弱さを混同していることに加えて、強さ、弱さというものをあまりにも一面的に捉えていると感じる。例えば、私がセクハラのサバイバーであることをカムアウトし、受けた被害について文章や芝居で表現していることに対して、「強い人」といわれる。確かに、「強い」といえなくもない面はある。しかし、別の面から見れば、私は被害を受けたことに対して、つらいの、苦しいのと言い続けずにはいられないから表現しているにすぎないのだ。一方、つらさや苦しさを表現せずに自分一人の胸に収めて生活しているということは、私からは、とてつもなく強いことに見える。私が表現せずにはいられないのは、私の弱さでもある。

私には弱さや不安定さというものがあって、それが表現する際の強さにもなっているというところがある。思っていること、感じていることに対して、もし私が絶大なる自信を持っていて、心から納得し確信していたら、それを外に向かって発信しようとはしないのではないかと思う。私は自分のことをとても頼りなげに感じていて、だからこそ、自分の存在を外に向かって訴えようとする。自分の存在の承認を得ようとする。それが「あなたの（私の）存在は価値がある」という強いメッセージとなる。そのメッセージに共感、納得して下さる方がわりと大勢いらっしゃるらしいとこの頃感じるんだけど、実は私が一番不安定で自信がない。何だか、詐欺のような話だなあ。

暴力的反性暴力理論

性暴力問題の専門家と呼ばれる人たちが展開する反性暴力理論には、かなりチグハグで論理的にも一貫性のないものが目立つ。あちこちに論理の矛盾があったり、展開が強引だったり、前提となるものが間違っていたりする。シンポジウムでの講義内容や、特に初心者向けに性暴力について解説した文章等には、そういった典型的な展開パターンや特徴のあるものが多い。その典型的パターンについて論じてみたいと思う。

論を進める前に、予測できる反論に対して予防線を張っておこう。予測できる反論の一つに、そういった矛盾だらけの反性暴力理論を一体誰が展開しているのか明らかにすべきだというものがある。しかし、世の中には、私がこれから指摘する矛盾点を含んだ反性暴力理論が満ちあふれており、誰がそういうことを言っているかという例をいちいち挙げる必要はないと思う。

私は、一九九九年二月一九日付朝日新聞の「論壇」に掲載された『「泣き寝入り」』という言葉の暴力」で、性的被害について語られるとき「泣き寝入り」という言葉が頻繁に使われることを指摘した。その際に、「泣き寝入り」という言葉が具体的にどこで使われたかを明らかにしなかった。それは、「泣き寝入り」という言葉があまりにも一般的に使われているので、実例を挙げることの意味がなかったからである。

それと同じように、私がこれから指摘する典型的な問題点を含んだ反性暴力理論はかなり普遍的なものなのである。ただその矛盾点にほとんどの人が気づいていないだけである。「泣き寝入り」という具体的な言葉と違って、論理展開のパターンの普遍性についてなので、わかりづらいだけなのである。性暴力についてのシンポジウムに出席したり、反性暴力の立場で性暴力を解説する文章を読んだりしたことが何度かある人であれば、指摘されて思い当たるということもあるかもしれない。

シンポジウムの場合、その場の雰囲気や話し言葉の勢いに押されて、講師が内容的にかなりおかしなことを言っても、何となくそのまま通用してしまうことがほとんどである。

それに、講演などは、その場かぎりで消えてしまうものなので、証拠として残らない。活字になった場合は、証拠として残りはするが、それでも、一見理路整然風の文体のせいで、読者が内容の矛盾点に気づかないことも多い。

前述の、国広陽子さんの「女子学生の実情　性犯罪を告発できるか?」も、私の指摘する反性暴力理論の矛盾点をかなり典型的に含んでいる。しかし、これを読んでその矛盾点に気づかなかった人が大勢いたのである。フェミ業界では、女性のメディアでの取り上げられ方に関連してメディアリテラシーということがいわれるが、シンポジウムリテラシーとか論文リテラシーということも考えた方がいいのではないか。

本題に戻ろう。フェミニズムの立場で性暴力が論じられる場合、必ずといっていいほど頻繁に言及されるのが、「強姦神話」についてである。「女性には強姦願望がある」とか「被害者に非があるから被害に遭う」とか「必死で抵抗すれば防げるはず」などといったこれまで世間一般で信じられてきたことは、間違いであり、「強姦神話」であると説明される。また、一定のタイプの人が加害者や被害者になるといった固定された加害者像や被害者像、被害を受けた女性は必ず一定の行動をとるはずであるといったステレオタイプ化された行動パターンもこれに含まれると説明されることもある。こういった「強姦神話」

がいかに間違ったものであるかが反性暴力の立場をとる「専門家の先生」によって力説される。

「強姦神話」に関連して言及されるのが「セカンド・レイプ」（セカンド・インジュアリー）についてである。「セカンド・レイプ」とは、実際の性被害に遭った後に被害者が受けるそれに伴う二次被害のことである。それには、性被害を受けた女性だということで、周りから「落ち度」を非難されたり好奇や偏見の目で見られたりすることや、警察や裁判に訴えた場合に警察の対応や裁判の過程でさらに傷つけられたり、マスコミの報道によってプライバシーの侵害を受けることなどが含まれる。性被害を受けたということを周りに知られたり、警察に届けたり裁判に訴えたりすれば、被害者はさらにどんなひどい目に遭うかということが説明されるわけである。ここまでについては間違いや矛盾はない。

しかし、では、どうすれば性暴力をなくすことができるかという問題に移るときに、反性暴力理論は、往々にして危険な方向に進むことがある。実態調査を行い、被害を「目に見えるもの」にすべきとか、法律を整備するべきとか、警察の対応を改善すべきとかいう話になるときもある。また、犯罪者を捕らえ、再犯を抑止する必要があるという話になることもある。しかし、ここからが問題なのであるが、そのためには、まず、どうやってそれを実現するかということになると、結局、被害者が何をするべきかという話に落ち着いてしまうのである。

それらには、「被害者が加害者にNOの意思を伝えるべきだ」「被害者が事件を警察や公的機関に届けることが不可欠」といったストレートなものから、「被害者側がはっきりした意思表示をできずにいることが、痴漢やセクシュアル・ハラスメントなどの性暴力をはびこらせる原因ともなる」「被害者が訴えないと第二、第三の被害者を出すことになる」といった被害者脅迫型のものから、「被害者が訴えたことが逮捕につながった」「勇気ある被害者によって裁判が起こされた」といった被害者一見称賛型まで。さまざまなバリエーションがあるが、いずれも被害者が何か行動を起こすべきだと主張していることには変わりがない。

性暴力の実情の説明から、どうやって性暴力をなくすことができるかということへ論が移るときの、この強引な展開に注目してほしい。これは、反性暴力理論にしばしば見られるかなり典型的な展開である。つまり、被害者が行動を起こせばどんなにひどい目に遭うかということをさんざん強調しておきながら、被害者に行動を起こせと要求するのである。論者の方も、被害者に対してあまりにも過大で理不尽な要求をしているということが無意識に気になるのであろうか。「被害者がするべきこと」の前に非常にしばしば「勇気を出して」という枕詞をくっつける。「勇気」という言葉でその後ろめたさを誤魔化そうという心理が働いているように見える。

ところが、「勇気」という言葉は、この場合、問題の本質から目を逸らさせる働きをしてしまう。勇気さえあれば、沈黙を破ったり警察や裁判に訴えることができるような錯覚を一般に与えてしまう。それらのことを被害者がやらないのは、被害者に勇気がないからだというように、被害者が沈黙せざるを得ない状況の問題が、被害者の勇気があるなしの問題にすり替えられてしまうのだ。

それに関連することであるが、多くの専門家が、訴えられる勇気ある被害者と訴えられない勇気のない被害者の二通りの被害者がいるという前提で論を進める。しかし、この前提は根底から間違っている。もし、二通りのものがあるとすれば、それらは、とても訴えられないようなひどい状況とひょっとしたら訴えられるかもしれないというういくぶんましな状況の二通りである。

私が大学院で被害を受けたときに加害者に対してはっきりNOと言うことができなかったのは、加害者が指導教授で、大学院生である私に対していわば生殺与奪の権を持っていたからだ。ところが、ある芝居に出演中、恋人役の男性からセクハラをされたときは、全然様子が違った。その加害者は、役づくりのためにオフステージでも恋人の関係を持つべきだと自己正当化をしてセクハラをしてきたので、私は猛烈に抗議をした。それでもやめなかったので、演出家に訴え出たところ、相手はセクハラをやめ謝罪した。いろいろな状況が私に有利に働いたのである。私は、彼よりも演劇の経験があり、そのようなお手軽な方法で良い演技ができるものではないことを知っていた。年齢も、私の方が上だった。また、私はそのとき「主演女優」であり、彼は「脇役」だった。何か問題になれば、役を降ろされるのは、私ではなく、彼の方だったのだ。もし、彼がベテラン俳優で、私が駆け出しであったのなら、状況はまったく違っていたはずだ。

NOの意思表示をしたり、警察や裁判に訴えたりすることも、可能ならばそれに越したことはない。そうすることによって事態が劇的に好転する場合もあるかもしれない。しかし、そうすることによって事態がさらに悪化したり、悪化すると予見される場合も多くある。専門家の人たちは、「勇気を出して」と簡単に言ってくれるが、事態が悪化した場合の責任をとってくれるのか。

さらに、こういった典型的反性暴力理論においては、被害者は知性を用いず、勇気だけで行動するという前提で論が展開される。しかし、実際は、被害者が自分の受けた被害についてどんな行動を起こすか、または起こさないかは、勇気で決まるのではない。もし、ここで加害者の性的要求を拒否したら、被害について訴えたら、人に相談したら、どういうことになるかと想像できる能力があるからどうすればいいか迷うのである。裁判についても、そのためにはどんなリスクと犠牲が予想され、どこまでそれらを負うことができるか、いろいろなことを総合的に考慮して、裁判が起こせるかどうか、起こしたいかどうか、知性を使って判断するのである。ところが、多くの専門家は、被害者には勇気だけが必要であり知性は必要ないと思っているらしい。専門家である自分は知性のみを提供するつもりでいるとしか思えない態度である。自分自身の勇気は問わないのである。

京大・矢野事件が明るみになる前、多くの大学教員が、セクハラの専門家として、セクハラについて発言していたが、それは、ほとんどが企業における上司によるセクハラについてであった。私は、「どうして、自分の職場でのセクハラについて話さないのか」と何人かのそういった専門家たちに尋ねたことがある。すると、「それを問題にすると自分の大学での立場が悪くなるので問題にできない」と答えた。

私は、そういう人たちに「勇気を出せ」と迫る気はない。行動を起こせば自分の立場が悪くなるかもしれないと考え、躊躇するのは当然のことだからだ。しかし、その状況は、被害者にとっても同じである。それなのに、なぜ、それらの専門家は、被害者のみに勇気を求め、自分自身には求めないのか。これこそがダブルスタンダードというものである。

被害者は勇気、専門家は知性というように、まるで勇気と知性の役割分担を前提にしているように見える。しかし、自分は知性だけを提供すればいいという姿勢の専門家であればあるほど、提供する知性は大したものではないようである。そして、反性暴力を説きながら、その理論展開は、驚くほど暴力的である。

理論のズレコミと暴走

もう随分前の話であるが、私がサンフランシスコで演劇活動をしていたとき、所属していた「リリス」という女の劇団に、女性団体から抗議文が届いたことがある。私も出演していたパフォーマンスについて抗議をしてきたのである。抗議内容の一つは、出演者が痩せすぎているという批判であった。フェミニズムを題材にしていながら、出演者が痩せているのはけしからんというのだ。そして、具体的なある劇団を例に挙げて、これこそフェミニストたちが求めるフェミニズム演劇だと主張した。その劇団というのは、男社会に認められたスリムな女性のみに演劇という表現活動が許されているのは納得できないという太った女たちが集まった劇団であった。

アメリカの女性運動の中に、男社会の価値観に対抗するため、政治的にわき毛や脛毛を剃らないとか、政治的にわきが止めスプレーを使わないとか、政治的にブラジャーをつけないとか、政治的なスッピンとか、政治的なレズビアニズムとか、政治的な肥満というものがあって、フェミニズム演劇をやる女は太っているべきだという主張は、こういった流れの中から出てきたことだと思われる。

しかし、私にとって、演劇をやる女はスリムな八頭身美人でなければならないというのも抑圧であるが、ハンプティーダンプティーのような体型をしていなければならないというのも同じ抑圧である。その抑圧に「男社会」という札がついているか「フェミニズム」という札がついているかだけの違いである。

太った女性は演劇表現をするべきではない、演劇表現をしたかったらスリムにならなければならないという社会からのメッセージに苦しめられ、押しつけられたイメージに自分を合わせることなく、太った自分を肯定し、ありのままの自分で演劇表現をしたいという思いには共感する。その主張はよくわかるし、自分たちの表現を求めて活動を行うことは素晴らしいことだと思う。ここまではよく理解できることなのだ。そして、ある女性団体が彼女たちのそういった活動を支持しているというところまではついていけるのだが、この後からは、理論が何だかエラク変なふうにずれ込んでいってしまってわけがわからない。

演劇活動をする女性はスリムであるべきという「男社会」が打ち立てた理想像に対抗するため、フェミニズム演劇をするフェミニストは太っているべきだという別の理想像を掲げたわけであるが、一つの「理想像」を唯一正しいものとして他人に強要した時点で、それは「フェミニズム」から限りなく遠くなってしまったと思う。また、「男社会」の価値観に異議を唱えるがゆえに、「男社会」の評価するものを否定し、それと相反するものをフェミニズム的なものとして推奨しているわけであるが、それは、「男社会」を意識しそれを中心に価値を決めているということであり、結局は、「男社会」にものすごく縛られている考えだと思う。

これは、あまりにもわかりやすすぎる例であるが、フェミニストはこうあるべきという理想像が個人の外に設定され、それが抑圧になるとか、もともとはフェミ的な発想だったものが、いつの間にか理論が変な具合にずれ込んでいって、非フェミニズム的なものに変わってしまうという現象は、日本のフェミ業界でも起きている。

例えば、私のフェミニストの友人は、ずっと髪を長くしていたが、あるとき、切りたくなって、ショートカットにした。すると、フェミニスト仲間の女性から、「やっと悔い改めたのね」と言われ、とても不愉快だったそうである。

こういう例もある。ある自治体主催の女性学講座で、講師が受講生にジェンダーチェックというものをさせたそうである。ジェンダーチェックというのは、性別役割の観念に囚われていないかどうかをチェックするための質問集で、例えば、「女性は……べきだと思う」といった類のステートメントに対し、YesかNoで答えていくという形式のものらしい。受講生全員の回答をチェックした講師の先生が、「この中で全問正解の方が一名だけいらっしゃいます」というコメントをしたというのだ。それを聞いたとき、私はひっくり返ってしまった。「あれって『正解』があったのね」

自分の中に、性別に基づいた偏見がないかどうかチェックするというところまでは、まだわかる。でも、フェミニストはこう答えるべきという「正解」が用意されているところが何とも気持ちが悪い。こうありたいと自分が思うのはよいが、こうあらねばとかこう感じねばならないと上の方から指示されるのは、抑圧的で何だかとてもいやな感じがする。

同じような胡散臭さを「女性の自立」について語られるときに感じることがある。大学の女性学の授業などで、「女性も働き続けることが大事」だとか、「女性の経済的自立が重要」などと教員が話し、それに対して学生たちが生き方を押しつけられたように感じて反撥するという話を聞くが、さもありなんと思う。学生たちの反応を「学生たちの意識の低さ」に単純に帰する教員もいるようだが、経済的に自立することを唯一の正しい生き方と前提して、上からお説教を垂れるように講義をされれば、経済的な自立を望んでいる私でさえ「抑圧」を感じる。

また、「女性の経済的自立の重要性」については、特にドメスティック・バイオレンスに関連して語られることが多いが、これに関して気になることがある。女性に経済力がないために、夫から暴力を受けても別れることができない事例が多いことについて、だから、女性が経済的に自立することが不可欠だという理論が展開されることがしばしばであるが、「ちょっと待てよ」と思う。そういう言い方が、男が経済力のない妻を殴ることの正当性を認めることにつながるのではないかと懸念してしまう。「経済力がないのだから殴られても仕方がない」というところまで理論がずれ込んでいくのではないかと心配するのである。

「まさか」と思う人もいるかもしれないが、「裁判を起こした勇気ある被害者」などという言い方が、「裁判を起こさない人は勇気がない」につながり、「裁判を起こさなかったのだから支援が得られなくても仕方がない」になってしまったことを目撃した私としては、

「まさか」ではなく「またか」である。

「暴力を受けた人は自己評価が低くなる」という言い方もよくされるが、これはまったくのデタラメではなく、「暴力がそれを受ける人の自己評価を低くする」という意味では真実なのだが、これも、「自己評価が低いから暴力を受けるのだ」というふうに、原因と結果が入れ代わった形にずれ込んでいく危険性は充分考えられる。

また、性暴力を受けた人がいかに普通ではない心理状態になるかということが、専門家によって、女性学の講義や、反性暴力や被害者支援のための集会などで、フェミニズム的見地から話されるが、それは本来、「暴力を受けると、気が動転してしまったり、傍から見ると充分逃げられるように見える状況でも逃げられなかったり、判断力が鈍ったり、自己評価が低下したりすることがある。被害者が被害を受けた後、通常の状態ではとらないような行動をとることがあっても、それはひどい暴力に対する当然の反応である」という意味で論じられていることだと思う。性暴力に関する裁判などで、被害者が加害者から逃げられなかったり、同じ加害者から繰り返し被害を受けたことをもって、「合意」とはいえないことを論証するために、こういった専門家の見解が証拠として提出されることもある。最近は、裁判所もそれを取り入れた判決を出している。ところが、逆にフェミ業界の表に出ない部分においては、その言説が、被害者に対する共感や理解や寛容さにつながらないばかりか、被害を受けた人は判断力がない無能力者だという偏見を助長しているだけという場面に頻繁に遭遇する。

例を挙げればこういうことだ。実は、「学長来日事件」調査終了後、協力してくれた人たちにお礼を兼ねて電話で調査結果を報告した際、最初に電話でインタビューしたときは「加害者反応」もなく普通に応対してくれたのに、突然態度を変えた人がいた。ＳＴＯＮが支援の要請を断ったことは確かな事実であったことを告げた後、「私たちがあなたを支援しなかったのは、あなたは支援を要請したとき、とても動揺していて、きちんと説明しなかったからだ。もしあなたが被害について順序立てた説明をしていたら、私たちは支援していただろう」と言った。「被害者が混乱しているのは当然である」という専門家の言説が、「この人は今混乱しているけれど、それはこの人のせいではなくて、受けた被害のせいでそうなっているのだから、忍耐強く聞きましょう」にはつながらないのである。その代わり、同じ言説が「当事者は混乱していてどうせまともな物言いができない人だから、当事者の話には耳を傾ける必要はない」というように解釈されて、当事者の発言を阻止することの正当性の論拠として、今までずっと使われてきたのだ。

このように、専門家が述べた見解が、本来意図したこととは別の方向に解釈され、被害者を助けるどころか、より窮地に追い込む場合もある。情報というのは、ある人からある人へ伝わるときに、伝言ゲームのように少しずつずれていく場合がある。また、どんな情報や言説も、それを受けた人が自分の使いたいように利用してしまうということがある。最初に発信したときは、まともな見解でも、それが誰によってどう引用されるかわからない。

かくいう私も実はヒヤッとした経験がある。ある言説を自分に都合のいいように解釈したり理論をつまみ喰いしたりするのは、何も「支援者」に限ったことではない。私は、「当事者が望む形で支援をしていくことが必要」ということをあちこちで発言しているが、それを「支援者は、サバイバーの命令には何でも従うべきだ」と解釈して、私の発言したことを論拠に、「支援者」の立場の人に過大な要求をするサバイバーが出てきたのである。もちろん、それは私の意図することとはまったく違うことである。たまたまその支援者の人と私の間に信頼関係があったので、まだ助かったのだが、その人には多大な迷惑をかけることになった。

まったく油断もスキもありゃしないという感じである。言いっ放しで安心してしまっていてはいけない、気をつけようと思った。私の発言の機会が増えるにつれて、発言したことが知らない間にとんでもない主張の論拠になっているという危険性は、「専門家」だけではなく、私も気をつけなければならない問題になってきた。気をつけても防げないことはあると思うが、少なくとも、最初は「フェミニズム的」であった理論が、段々ずれていき、あっと気がついたときには、「フェミニズム」とは似ても似つかぬ怪物になっているかもしれないことを忘れないようにしたい。

サバイバーとは誰か

私は自分がセクハラのサバイバーであることを明らかにした上で、反性暴力運動の「支援者」たちとの軋轢に関していろいろ書いていたりするので、私が「サバイバー 対 支援者」の構図の中で「サバイバー」を代表しているように思う人もいるかもしれないが、それはまったく私の意図するところではない。

なぜ「サバイバー 対 支援者」のようになってしまったのかといえば、私がサバイバーであることを運動の中で明らかにしたところ、サバイバーであるという理由で発言や意思決定の機会を与えられなかったのがそもそもの発端である。発言や意思決定の権利をサバイバーにもよこせと私が要求し、支援者を名乗る他助グループの人たちがそれを何年も拒み続けた結果、何となく「サバイバー対支援者」のようになってしまったのである。

最初は、他助グループにはサバイバーが発言者になるという発想さえなかったというのが現状であった。なぜ専門家だけに発言の機会があり、サバイバーにはないのかという質問に対しては、サバイバーはきちんと筋道を立てて話すことができないが、専門家はそれができるので、専門家だけが話をすればいいという答えが返ってきた。専門家は話が上手でサバイバーは下手だという前提が正しいかどうかは別にして、たとえそうだとしても、「一方が他方より話が上手だから、話の上手な方に話してもらいましょう」というのは、両者の話す内容が同じである場合のみ正当性がある。内容が異なったり相反する場合は、むしろ話の下手な方に時間を多く与える方が、公平性の点ではより理にかなっている。そのような反論をしたが、まったく取り合ってもらえなかった。

私は、サバイバーが反性暴力運動についての意思決定に参加できないというのはおかしいではないか、むしろサバイバーの意見こそ反性暴力運動に取り入れられるべきではないかと主張し続けた。その甲斐あってかどうか、「被害者の視点で」というようなことが言葉ではいわれるようになった。しかし、被害者支援のための会議などで発言したり意思決定に携わったりするのは、やはり相変わらず圧倒的に専門家なのである。そのことを指摘すると、「でも、サバイバーの視点を持った専門家なのだからよいではないか」という答えが返ってきたりする。

「サバイバーの視点など考慮する必要がない」という認識から「サバイバーの視点で解決策を」という認識に変わったことは進歩であるが、今度は、「サバイバーの視点とは何か」「それを誰が定義するのか」という問題が出てきた。どうやら「サバイバーの視点」を定義するのはサバイバーではないらしいのである。そこで、「サバイバーの視点」を定義するのはサバイバー自身ではないのかという問いかけをしていったところ、「サバイバーとは誰か」という問題が浮上してきた。

反性暴力運動の進め方についての発言や意思決定の権利をサバイバーにこそよこせという主張に対して、「私もサバイバーだ」という答えが「支援者」側から返ってくるようになったのだ。「実は私も性的被害を受けたことがある」という場合もあるが、圧倒的に多いのが「女性であれば誰でも広い意味でのサバイバーだ。だから私もサバイバーだ」である。いずれにせよ、「だから、あなたにだけそういった権利を与えるわけにはいかない」につながるわけである。

同じようなやりとりは、人や場所は違っても、何度かあった。そのとき言われたことは、

「私もサバイバーだ」のほかは、「サバイバーだと名乗りさえすれば誰にでも発言権を与えなければならないってこと?」「あなたは性的被害の体験を水戸黄門の印篭にしているのよ」「サバイバーだったら何でもいうことを聞けっていうことなの?」「あなたはサバイバーであることを特権にしている」などである。言い回しは異なっても、基本的にはすべて「あなたは個人的な性的被害の体験を理由に特権を要求している」という批判である。

また、後でよく思い返してみると、「被害がひどければひどいほどそのことは表明できない。そういう被害者にはサバイバーとしての特権が与えられないのに、大した被害でなくてもサバイバーだと名乗りさえすればそういった特権が与えられるのは不公平だ」というニュアンスも含まれていた場合もあったような気がする。

サバイバーが支援のあり方に関連して「サバイバーの権利」を主張することに対して、支援者の立場の人が、「女性はみんなサバイバーだ」と反論し「性的被害という体験の特権化」を批判するというやりとりを経験したサバイバーは、実は、私だけではないことが後でわかった。支援者とサバイバーが出席したある女性学関連の分科会でそのような議論が交わされたことを、その場に居合わせた人たちから教えてもらった。

そのとき、そこにいた私の友人は、「支援者」から発せられた「特権」という言葉に対して、見事な受け答えをしている。正確な言い回しは少し違うかもしれないが、「私のことについては私に特権がある。あなたのことについてはあなたに特権がある」という意味のことを言ったそうである。これは、「サバイバーだから意見を述べる権利がある」という論の進め方では混乱する議論をあっさり解決する。

「サバイバーの意見を取り入れるべき」とか「サバイバーが定義すべき」とか「サバイバーが決めるべき」などという言い方をすれば、必ず「サバイバーとは誰か」という疑問が浮上する。本人がサバイバーだと自己認識すればサバイバーなのだと答えると、それでは誰でもサバイバーだと自己申告さえすれば、その人の意見を通さないといけないことになる、そうなれば誰でも彼でも自分のことをサバイバーだと言い出し、収拾がつかなくなる、などというところに議論が発展したりする。

なぜこういうふうに話が展開してしまうかというと、サバイバーであるということを資格か何かのように認識する発想があり、しかも、サバイバーであるかどうかということが利害に結びつくからである。本人が決めるのでは公平性が確保できないし、ズルをする人も出てくるというところへ考えがいくのである。そこで、本人の主観で決めるのはまずいという議論になってしまう。サバイバーであることが何かをするための資格であると発想すれば、当然、それを決めるための客観的な基準が必要という話になる。客観的な基準ということになれば、その基準は、当然、個人の中ではなく外にあるということである。「サバイバーとは誰か」という質問が、そういった客観的な基準を求めてのものであれば、私は答えられない。

そういうことではなく、私が「サバイバー」という言葉を使って主張したかったのは、「私の問題に私を関わらせろ」という単純なことだったのだ。どんなことをするにも何らかの資格が必要だと思うから、当事者が自分の問題に関わるのに「サバイバー」という資格が必要だという発想になり、話がどんどんおかしくなるのだ。私が私であることに資格は要らない。それをするのに資格が必要なことはたくさんあるが、自分の問題に自分が関与するのには何の資格も必要ないはずだ。私がサバイバーを名乗っているのは、私がそう認識するから今のところはそう名乗っているだけの話で、それは、私が私の問題に関わるための資格とは何の関係もない。

だから、私が「サバイバーの権利」を主張することに対して、「あなたは、サバイバー全体を代表することができるのか」と批判されたことも何度かあるが、それはまったく的外れだ。例えば、私が性暴力について「サバイバー」として話したとき、別のサバイバーが、「それは加害者が身内でない場合の話であって、加害者が身内の場合はそれとは違う」と言ったとしたら、それでは、加害者が身内の場合の性暴力はどうなのかということに耳を傾ければいいだけのことである。どちらの方が性暴力について語るためのより正当な資格があるかなどということで張り合う必要はない。

自分がサバイバーであるかどうか、サバイバーという言葉を使うかどうか、それを誰に対してどこでどのような状況で明らかにするかまたはしないか、それぞれが決めればいい。自分の被害を他人のと比べて、誰がより正当なサバイバーなのか競い、それによって、誰が性暴力問題についてより大きい発言権を得るかという発想、あるいは、みんなサバイバーなのだから、すべて一律でなければならないという発想が、事を必要以上にヤヤコシクしているのだ。私のことについては私に特権がある。あなたのことについてはあなたに特権がある。それでいいではないか。

私が地図普及運動から脱落した理由

私は、ある小さい島国に住んでいます。

私の国には、わりと最近まで地図というものがありませんでした。実際の地形や場所を縮小、記号化して紙に記すという発想が全くなかったのです。そのため、私の国の人たちは、自分たちの国がどのような形をしているか、知りませんでした。

また、いくつかの場所がどのような位置関係にあるかの把握が大変難しかったのです。ある場所から別の場所へどうやって行ったらいいか、説明するのも面倒なことでした。

しかし何年か前、実際の土地を地図に記すという方法が外国から輸入されたので、土地の把握が大変容易になりました。私たちは、なぜ今までこの方法を思いつかなかったのだろうと、地図の便利さに感動しました。地図を普及させる市民運動が起こり、私もそれに参加しました。

私たちは集会を開き、地図のおかげで土地を把握することがいかに容易になったかを話し合ったり、地図製作者を呼んで学習会を開いたりしました。最初のうちは、それも大変刺激的で楽しかったのです。ところが、そのうちに私は、この運動に対して何か変だと感じるようになりました。

草の根の運動家たちは、運動をしていくうちに、実際の土地よりもそれを表す地図の方が大切だと思うようになってしまったのです。ある土地について知るには、その地図を見さえすればよく、実際にその土地へ行ってみる必要などまったくないというのが、運動の常識になりました。

そして、どこにどれぐらいの高さの丘があるかとか、海岸線がどのような形をしているかとか、どこにどれぐらいの広さの森があるかとか、道がどこからどこまで続いているかとかは、「客観的」で価値のある情報だと思われていましたが、一方、そこに立つと、晴れた日には何処まで景色が見えるかとか、どんなに気持ちのいい風が吹くかとか、雨上がりには緑がどんなに美しいかといった、地図に載せることのできないものは、「主観的」

で価値のないつまらないものとして、どんどん切り捨てられていきました。

さらに、地図と実際との間に何らかの相違があった場合は、地図の方を優先させました。地図に誤りがあるかもしれないなどと口にすることは、運動の中のタブーでした。

また、運動家たちは、地図が作られた後も現実は変化するということを忘れていました。作ったときは、正確だった地図でも、現実が変化すれば、実際とは異なったものになってしまうのは当然だと私は思うのですが、運動家たちは、地図も時が経てば古くなるということを認めたがりませんでした。

例えば、地図が制作された後で建てられた建物など、あってはならないのでした。たとえ、そのような建物が目の前にあったとしても、「この建物は存在しない。なぜなら地図に載っていないからだ」と、その存在を認めないのでした。

私は、自分の目で見、肌で感じたことを信じてはいけないというこのような運動にはだんだんついていけなくなりました。だから私は、運動を離れたのです。

私はもともと、海岸線が地図の上でどのような形をしているかよりも、実際に海岸沿いを歩いて、波と遊んだり、潮の匂いをかいだりする方に興味を持つ人間でありました。緯度がどうの、経度がこうのと言われても、ピンとこないのです。

運動をしている人から見れば、私は意識の低い人間かも知れません。でも、自分が行ったことのない、行くこともないだろう土地のことを地図でお勉強するなんて、私には退屈なだけです。息苦しいのです。

それよりも私は、実際に地面に立ち、自分の足で地面を感じ、自分の体で、暑さや寒さを感じたいのです。日差しや風を感じたいのです。自分の目や耳を信じたいのです。

私は今、地図が必要なときだけ、地図を見ます。

（初出『くらしと教育をつなぐＷｅ』一九九五年二・三月号、フェミックス）

サバイバーよ、勇気を出すな

性暴力のシンポジウムで「支援者」たちはあなたに呼びかける。

サバイバーよ、勇気を出せと。

「勇気を出して、カムアウトして下さい。」

「勇気を出して、裁判を起こして下さい。」


しかし、私はあなたに言う。


サバイバーよ、勇気を出すな。

なぜなら、あなたは充分に勇気のある人だから。

これ以上の勇気を出す必要がどこにあるだろうか。

あなたは、とんでもない災難にあった。

とんでもない災難を生き残った。

あなたは、生きてこうしてここにいる。

これ以上の勇気があるだろうか。


サバイバーよ、勇気を出すな。

あなたが生きていることが、あなたの勇気の証なのだ。

あなたがいるということが、あなたの勇気の印なのだ。

あなたには、勇気がある。

あなたは充分に勇気を持っている。

あなたは、勇気で溢れている。

あなたは、勇気でいっぱいだ。

あなたはひとりの人間が持ち得る限りの勇気を持っている。

誰がこれ以上の勇気をあなたに求めることができるだろうか。


だから、私はあなたに呼びかける。

サバイバーよ、勇気を出すな。

（初出　『ほとりの泉』ＳＣＳＡ会発行、1997年）

リリスの復権

あとがきにかえて

二年前のことである。落ち込んでいたら友人から電話があった。彼女は、たまたま私の一人芝居『私は生き残った』を観て、今まで言葉にならなかったものが言葉になり、自分がそれまで何に苦しんできたかについてはっきりしたと、それ以来、何度か公演を観に来てくれる人である。

私が大勢の人から無視されたり、攻撃を受けたりすることについて「それは、あなた自身が嫌われているからではなく、あなたを攻撃する人は、あなたに映る己の姿に反応しているだけだよ」とその人は言う。彼女によると、私はどこか「鏡」のようなところがあり、曖昧だったものをはっきりしたものにして目の前に突きつけてしまうのだそうだ。「それが必要な人はあなたを評価し、それを見たくない人はあなたを攻撃する。それだけのこと。だから、大勢の人があなたを無視したり攻撃したりしたとしても、それは自分の本当の姿を見たくない人が大勢いるということで、別にあなたが傷つく必要はない」と彼女は言ってくれる。

しかし、肩書きのある「専門家」が講師として話す性暴力のシンポジウムには、大きな会場でも立ち見が出るほど大勢の人が集まるのに、私の一人芝居の催しには、いくら宣伝をしても三〇人ぐらいしか集まらないという状況を目の当たりにすると、落ち込んでしまった。これは、数によってものの価値を計るといういわゆる「男社会」の価値観に洗脳された態度であることや、来て下さる三〇名の方には大変失礼な態度であるということもわかってはいるのだが、やはり、なぜ私は大勢の人たちに受け入れられないのか、と焦燥感を募らすこともあった。

彼女から電話がかかってきたときも、なぜ私の主張は人から理解されないのだろうかと悩んでいた。すると、彼女は、「あなたの状況って、伝説のリリスの状況とそっくりじゃないの」と言った。

本文でも触れたように、「高橋りりす」は、本名ではない。「りりす」は、ユダヤの民間伝承に出てくる魔女の名前「リリス」からとったのである。いろいろな説があるが、リリスは、アダムと対等な人間として土から創られた最初の女性であり、アダムの最初の妻である。しかし、アダムに従うことを拒み、エデンの園を去ったため、神の罰を受けて魔女にされたという。その後、神は、アダムの肋骨からイブを創り、イブはアダムの妻となった。一説によると、それに怒ったリリスは、蛇の化身となってエデンの園に戻り、イブをそそのかし、知恵の実を食べさせたそうである。

「シンポジウムに何度も出かけていって、自分の考えを伝えようとして、理解されずに大勢の人から攻撃されていたあなたの姿は、エデンの園に戻って、イブに知恵の実を食べさせようとした伝説のリリスそのものよ。あなたはまさに自分に相応しい名前を選んだのよ。何を落ち込むことがあるの。リリスは魔女にさせられ、人間からは忌み嫌われ、キリスト教からは抹殺されてしまった。それでもリリスの話は生き残った。知っている人は少ないかもしれないけれど、こうやって少しずつ伝わっている。そして、これからはリリスが復権すると思う。二一世紀はリリスの時代よ」

あれから二年が経ち、二一世紀になった。そして、二一世紀の最初の年に、私は、初めてのエッセイ集を出すのだ。こじつければ、その年が巳年であることにも意味があるように思える。

一〇年前は、私は本当に誰からも受け入れられなかった。しかし、一〇年の間に、私のよき理解者となった複数の友人に出会った。世の中の不特定多数に目をやればいやになることも多いが、今、周りを見回してみると、私は本当に得難い友人たちに恵まれている。

つい今し方、このあとがきを書くにあたって、件の友人に電話をかけた。友人は言った。「そうだ。二一世紀はリリスの時代だ。でも、イブもアダムも排除しないリリスでありたいね」

二一世紀最初の年に

高橋りりす

高橋りりす

【略歴】

兵庫県生まれ。上智大学文学部英文科卒業。

カリフォルニア大学大学院演劇科修士課程修了後、サンフランシスコにて、ジーン・シェルトンアクティングスクール在籍。ベリナ・蓮・ヒューストンの『朝が来ました』の舞台で主役セツコを演じる。『蝶々夫人』を下敷きにした創作劇『バタフライ』で主演。その他、アジアンアメリカンシアター、リリス・ウィメンズシアターの公演に参加。

帰国後、1993年に竹森茂子と女性の視点で芝居づくりをしていこうと、劇団「リリスの足」を結成するが、1997年に解散。その間の1995年には北京女性会議のNGOフォーラムで、ワークショップ並びに路上パフォーマンスを行う。

1997年に三省堂から出版された『キャンパス性差別事情　ストップ・ザ・アカハラ』に自らの体験を書いたことがきっかけとなって、同じ題材で一人芝居『私は生き残った』をつくる。1998年6月13日にエポック10で初演。以降、全国の女性センター等で上演のかたわら、講演なども行っている。現在の一人芝居のレパートリーは、『リリスの足』と『私は生き残った』の2作（共に日本語版、英語版あり）。高橋りりすホームページ　http;//www.voo.to/lilith

【論文・翻訳等】

『キャンパス性差別事情　ストップ・ザ・アカハラ』
（上野千鶴子編、三省堂、1997年）「キャンパス・セクハラ対策の落とし穴」

『生きる勇気と癒す力』（エレン・バス、ローラ・デイビス著、
原美奈子、二見れい子訳、三一書房、1997年）翻訳協力

『ほとりの泉』（ＳＣＳＡ会、1997年）詩「サバイバーよ、勇気を出すな」
「カムアウトの条件」

『こもれび』（ＳＣＳＡ会、1998年）エッセイ「私が私になっていくための時間」

『くらしと教育をつなぐWe』（フェミックス）
1995年2・3月号　寓話「一番小さな魚」インタビュー
「私が地図普及運動から脱落した理由」
1996年2・3月号　座談会・上野千鶴子、原美奈子、二見れい子、高橋りりす
「ルサンチマンで何が悪い」
1996年7月号　エッセイ「『元気になる』フェミニズム」
1996年12月号　エッセイ「みんなが幸せになる方法」
1998年11月号　エッセイ「私という『まるごと』の存在」
1999年7月号　エッセイ「キャンパスセクハラ防止対策の危うさ」

『女性学年報』（日本女性学研究会）
第15号（1994年）「サバイバーはフェミニズム運動のネタにすぎないのか」
第20号（1999年）　創作「弁護士への手紙」

『朝日新聞』論壇　1999年2月19日「『泣き寝入り』という言葉の暴力」

『インパクション』（インパクト出版会）
117号（2000年）「フェミニズム運動の非フェミニズム的要素」
123号（2001年）「『ピ』のトラウマと暴力的な癒し」

サバイバー・フェミニズム

2001年4月7日　第1刷発行

著　者　高橋りりす
装　幀　田邊恵里香
発行人　深田　卓
発　行　(株)インパクト出版会
東京都文京区本郷 2-5-11　服部ビル
TEL 03-3818-7576　FAX 03-3818-8676
http://www.jca.apc.org/~impact
E-mail　impact@jca.apc.org　郵便振替 00110-9-83148

モリモト印刷